● 税务干部及财会人员岗位技能培训教材

会计电子模拟实训

浙江省税务干部学校　编

图书在版编目(CIP)数据

会计电子模拟实训/浙江省税务干部学校编．—上海：上海财经大学出版社，2016.8

ISBN 978-7-5642-2539-1/F·2539

Ⅰ.①会… Ⅱ.①浙… Ⅲ.①会计电算化-教材 Ⅳ.①F232

中国版本图书馆 CIP 数据核字(2016)第 206534 号

□ 责任编辑 王 芳

□ 封面设计 杨雪婷

KUAIJI DIANZI MONI SHIXUN

会计电子模拟实训

浙江省税务干部学校 编

上海财经大学出版社出版发行

(上海市武东路 321 号乙 邮编 200434)

网 址：http://www.sufep.com

电子邮箱：webmaster @ sufep.com

全国新华书店经销

上海华教印务有限公司印刷装订

2016 年 8 月第 1 版 2016 年 8 月第 1 次印刷

787mm×1092mm 1/16 10.75 印张 107 千字

定价：35.00 元

前言

教材是做好教育培训工作的基础，教材建设是教育培训工作的重要组成部分之一。为贯彻“应用为本，学以致用”的教育培训理念，我们在十多期干部培训班应用的基础上，通过修改完善，编写了《会计电子模拟实训》，该教材是我校实训平台建设的重要内容，也是我校打造特色税务培训机构的重要举措。

《会计电子模拟实训》是税务干部开展会计电算化模拟实训的教材。本教材是在学员对会计基础知识与技能、会计业务核算与报告、成本核算与控制、税费计算与申报等会计实务学习的基础上，通过综合运用所学知识和技能，训练和提高学员在电子环境（各种通用会计核算软件）下进行会计实务处理、纳税申报和财务分析的能力，更加注重在业务操作过程中，提高学员发现问题、分析问题、解决问题的能力；能对学员本岗位工作任务的完成进行合理计划、安排，在处理与其他岗位关系中提升沟通、协调、表达能力，增强团队意识、责任意识、管理意识、安全意识；有利于培养学员的综合能力，使会计、电算化、税收等知识更好地融会贯通，从而更好地服务税收工作。

《会计电子模拟实训》精选了通用设备制造业的典型业务，紧跟会计、税收的发展趋势，突出理论与实际相结合，会计核算与信息技术相结合，注重前瞻性、可操作性、应用性、真实性、完整性、系统性、综合性。在教材体例上充分考虑案例教学法和模拟演练的需要。本教材不仅适用于税务干部学习使用，也适宜高校财会专业学习使用。

《会计电子模拟实训》由浙江省税务干部学校教材编写组编写，编写人员均为教学经验丰富的资深教师，主审沈建良，主编周祖良，成员屠建鸿、蔡东方、毕挺、施维欢。由于作者水平有限，错漏之处难免，敬请专家和读者批评指正。

浙江省税务干部学校教材编写组

2016年8月

目　录

第一章

会计电子模拟实训的组织

一、会计电子模拟实训目标和要求

（一）会计电子模拟实训目标

1. 知识目标：学会会计凭证的填制和审核、会计报表的编制和审核，以及会计软件的操作。

2. 能力目标：掌握会计基本实践技能，提高会计核算能力，进而提高税收稽查、税收征管工作能力。

3. 素质目标：增强自我学习、诚信敬业、团队协作、人际沟通、独立决策等素质。

（二）会计电子模拟实训要求

1. 分组：两人一组，每组代表一个企业进行业务操作，共分若干个组，在组长的带领下，两人分工协作完成会计实训任务。

2. 操作：每组分两个角色，即会计和会计主管，如 S01A，S01B，进行操作（密码同用户名）。

二、会计电子模拟实训操作流程

1. 基础设置：输入企业基本信息，启用系统，会计科目导入，现金流量设置及参数设置。

2. 初始化：期初余额录入。

3. 经济业务输入：根据 2013 年顺达企业发生的经济业务（原始凭证），编制记账凭证，再录入会计电算化账套（包括根据相关资料计算产品成本，编制产品成本计算单）。

4. 根据审核无误的记账凭证记账、结账，编制会计报表（资产负债表、利润表、现金流量表）。

三、会计电子模拟实训教学方法

会计电子模拟实训教学运用多元化的教学方法，有辨识、讲解、操作、检验和点评等环节，在整个教学过程中充分调动学员的学习积极性，让学员自主学习、独立思考，真正达到教学相长。

1. 辨识。学员根据会计电子模拟实训资料中的原始凭证判断是何种业务，需要完成哪些任务。

2. 讲解。教师根据学员已有的知识结构、专业水平，针对实训内容从“做什么、怎么做、为什么这样做”几个方面向学员进行讲解。

3. 操作。学员按照教师的讲解，自己动手进行实务操作，教师从旁进行个别指导。

4. 检验。月底完成所有经济业务处理后，学员参考教师公布的答案检验总账科目余额，独立编制相关报表后，再对报表数据进行检验。

5. 点评。学员完成会计电子模拟实训并自我检验后，教师总结学员实训过程中出现的典型错误，并进行点评讲解。同时，对学员完成的作业质量、学习态度、工作责任心等方面作出相应评价。

四、会计电子模拟实训考核标准

会计电子模拟实训成绩的考核应贯穿于会计电子模拟实训的全过程，使之有效地促进学员实际操作的规范和实践技能的不断提高。会计电子模拟实训的考核要求和标准如下：

1. 实训态度端正，学员之间能积极协作。

2. 能理论联系实际，运用所学知识，熟练填制记账凭证，登记账簿，编制报表。

3. 能从处理会计经济业务中发现问题和解决问题。

4. 数据处理正确，对应关系清晰，项目之间平衡，操作规范，全面完成各项操作事项。

根据上述要求和标准评定成绩。等级分为：优秀、良好、及格和不及格。不及格者须重做。

第二章

模拟企业基本情况

一、模拟企业情况简介

浙江顺达有限公司是由自然人投资成立的股份有限公司，地处东吴市杭长桥南路。该企业为增值税一般纳税人，法定代表人沈顺利。税务登记号为：330501333233336。注册资本3 160万元。该企业主要从事汽车部件的生产和销售，主要产品有张紧轮总成和惰轮，属于通用设备制造业。企业设有三个基本生产车间和相应的管理部门，现有职工80名，其中管理部门人员6名，销售人员4名，车间管理及生产人员70名。

二、产品生产的工艺流程

企业的三个基本生产车间分别为：第一生产车间、第二生产车间和装配车间。其中，第一生产车间将外购的铝锭加工成支板、本体；第二生产车间将外购的钢件加工成皮带轮；然后由装配车间将支板、本体、中心轴、皮带轮、轴承、弹簧及相关辅料加工成张紧轮总成。将皮带轮、轴承及相关辅料装配成惰轮。如下图所示：

支板、本体＋中心轴＋皮带轮＋轴承＋弹簧＋相关辅料⇒装配成甲型张紧轮总成

支板、本体＋中心轴＋皮带轮＋2个轴承＋2个弹簧＋相关辅料⇒装配成乙型张紧轮总成

皮带轮＋轴承＋相关辅料⇒装配成甲型惰轮

2个皮带轮＋2个轴承＋相关辅料⇒装配成乙型惰轮

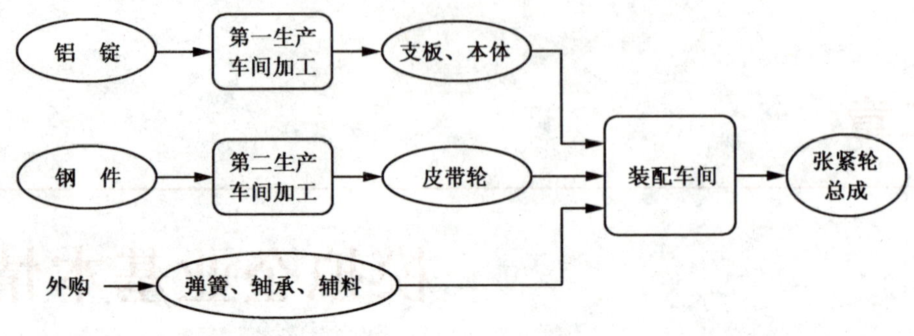

张紧轮总成工艺流程图

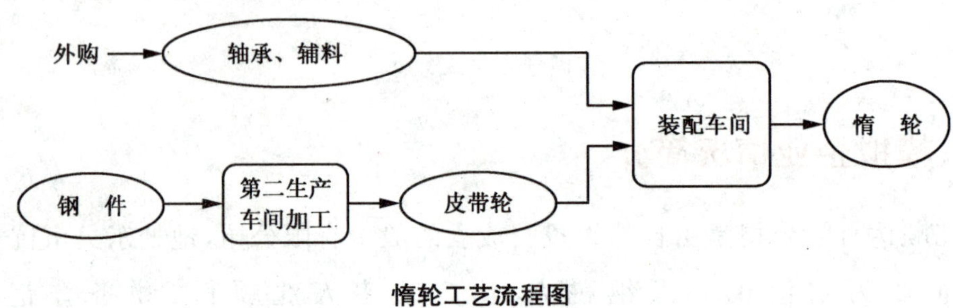

惰轮工艺流程图

三、会计核算方法

会计核算采用记账凭证核算程序。

第一步：根据取得或填制的原始凭证填制记账凭证。

第二步：根据与现金及银行存款收支有关的记账凭证逐笔序时登记现金日记账和银行存款日记账。

第三步：根据记账凭证及所附的原始凭证逐笔登记各有关明细账。

第四步：根据记账凭证登记总分类账。

第五步：根据对账的要求，定期将总分类账与日记账、明细分类账相核对，并结账。

第六步：期末，根据总分类账和明细分类账编制会计报表。

四、核算方法说明

（一）内部核算制度

1. 企业的库存现金定额为 10 000 元。

2. 企业实行集中核算，全部会计核算由财务处负责完成，各车间只提供成本计算的原始资料。

(二)存货的核算

1. 存货计价采用实际成本法。存货发出采用全月一次加权平均法计算。

2. 周转材料领用,采用一次摊销法摊销。

3. 原材料按品名、规格设置明细科目进行核算。

4. 周转材料、库存商品按品名设置明细科目进行核算。

(三)产品制造成本的核算

1. 企业产品生产是一次投料逐步加工,产品制造分为两个步骤;第一步,第一生产车间、第二生产车间加工生产自制半成品;第二步,装配车间将自制半成品和配套件装配加工成两个产成品,即张紧轮总成和惰轮。产品成本核算方法:半成品成本随半成品实物逐步结转,产成品成本采用品种法。月末在产品成本按约当产量法核算。

2. 基本生产车间发生的各项间接费用,记入"制造费用"账户,并按生产工时进行分配。

3. 成本核算程序如下:

(1)在各受益单位之间按一定标准分配机物料、低值易耗品、人工费、折旧、机修费、水电费等费用;

(2)分配制造费用;

(3)按成本计算对象将生产费用按照成本项目进行汇集,确定完工自制半成品和产成品成本;

(4)产成品成本项目按直接材料费、直接人工费、制造费用设置。

(四)资产的核算

1. 固定资产核算

(1)固定资产采用平均年限法分类计提折旧。

(2)预计使用年限如下:房屋建筑物为20年,机器设备为10年,办公家具器具为5年。净残值率为5%。

(3)固定资产的修理费用,直接计入当月的有关费用。

2. 无形资产核算

企业的无形资产属于土地使用权,按50年摊销,已摊销20个月。

3. 长期待摊费用

长期待摊费用属于大修理支出,剩余摊销时间为5年。

(五)工资的核算

1. 每月委托工商银行代发工资转存信用卡业务,职工以信用卡提款。

2. 第一车间生产工人 18 人,车间管理人员 2 人;第二车间生产工人 18 人,车间管理人员 2 人;装配车间工人 27 人,车间管理人员 3 人;销售机构人员 4 人,厂部管理人员 6 人。工人月平均工资均为2 000元,管理人员月平均工资均为3 000元。

3. 工会经费按工资总额的 2%提取,职工教育经费按工资总额的 2.5%提取。

4. 社会保险费和住房公积金的计提比例如下表所示:

		公司缴纳部分	个人缴纳部分
养老保险金	月工资基数	14%	8%
医疗保险金	月工资基数	12%	12%
失业保险金	月工资基数	2%	1%
住房公积金	月工资基数	7%	7%

(六)销售成本的核算

完工产品按实际成本核算,采用一次加权平均法计算单位成本和总成本,月末一次结转发出产品成本。

(七)税金及附加费的核算

1. 企业所得税税率 25%。

2. 增值税税率 17%。

3. 城市维护建设税税率 7%。

4. 教育费附加 3%。

5. 房产税、土地使用税按季缴纳。

6. 个人所得税由企业根据职工的每月工资所得,实行代扣代缴。

7. 企业所得税实行查账征收,按季预缴,按实际利润预缴。

(八)利润分配的核算

1. 税前利润弥补以前年度亏损,经过 5 年期末足额弥补的,应用所得税后的净利润弥补。

2. 法定盈余公积金提取比例为 10%。

第三章

模拟企业期初资料

一、账户期初余额

2013 年 12 月 1 日

序号	科目编码	科目名称	数量核算	期初余额	
				借方金额	贷方金额
1	1001	库存现金		11 114.95	
2	1002	银行存款		375 154.18	
3	100201	工行		175 154.18	
4	1012	其他货币资金			
5	101206	备用金			
6	1101	短期投资		200 000.00	
7	110101	股票		200 000.00	
8	1121	应收票据			
9	112101	浙江振兴实业有限公司			
10	112102	上海大众汽配有限公司			
11	1122	应收账款		3 973 390.00	
12	112201	山东潍柴股份有限公司			
13	112202	江西新欣动力机械有限公司			
14	112203	浙江振兴实业有限公司		274 950.00	
15	112204	上海大众汽配有限公司			
16	112205	江苏汽车商贸有限公司			

续表

序号	科目编码	科目名称	数量核算	期初余额	
				借方金额	贷方金额
17	112206	广东利达汽车公司			
18	112207	浙江兴达股份有限公司			
19	112208	青岛建邦有限公司			
20	112209	诸暨佳润汽配有限公司		1 186 380.00	
21	112210	海南信誉汽车贸易公司			
22	112211	安徽信阳汽车有限公司		670 480.00	
23	112212	山东济南汽车有限公司			
24	112213	湖南长沙汽车有限公司		1 841 580.00	
25	112214	厦门金龙汽车有限公司			
26	1123	预付账款			
27	112302	浙江钢件有限公司			
28	112303	广东中山弹簧有限公司			
29	112304	昆山佳美轴承有限公司			
30	112305	浙江优特轴承有限公司			
31	112306	绍兴光明铝业有限公司			
32	112307	无锡汽配研究所			
33	1131	应收股利			
34	1221	其他应收款		26 000.00	
35	1402	在途物资			
36	1403	原材料		132 206.75	
37	140301	铝锭	千克	10 881.00	
38	140302	钢件	吨	5 552.64	
39	140303	轴承	只	4 022.50	
40	140304	弹簧	只	13 052.00	
41	140305	辅料		72 039.11	
42	14030501	润滑油	千克	898.15	
43	14030502	中心轴套	只	61 845.00	
44	14030503	其他辅料	吨	9 295.96	
45	140306	包装纸盒	只	26 659.50	
46	1405	库存商品		1 608 173.82	

续表

序号	科目编码	科目名称	数量核算	期初余额	
				借方金额	贷方金额
47	140501	张紧轮总成——甲型	只	539 764.46	
48	140502	张紧轮总成——乙型	只	646 754.40	
49	140503	惰轮——甲型	只	153 203.76	
50	140504	惰轮——乙型	只	268 451.20	
51	1411	周转材料		10 550.00	
52	141101	千分尺	把		
53	141102	大号扳手	把	9 500.00	
54	141103	小号扳手	把	1 050.00	
55	1511	长期股权投资		584 000.00	
56	151101	股票投资		84 000.00	
57	151102	其他股权投资		500 000.00	
58	1601	固定资产		19 233 375.00	
59	160101	房屋建筑物		14 167 175.00	
60	160102	生产设备		4 489 382.00	
61	160103	办公家具器具		516 818.00	
62	160105	货车		60 000.00	
63	1602	累计折旧			2 641 375.00
64	1606	固定资产清理			
65	1701	无形资产		18 000 000.00	
66	170101	土地使用权		18 000 000.00	
67	1702	累计摊销			930 000.00
68	1801	长期待摊费用		712 229.70	
69	180101	大修理支出		712 229.70	
70	1901	待处理财产损溢			
71	资产小计			44 866 194.40	3 571 375.00
72	2001	短期借款			1 500 000.00
73	200101	农行			
74	200102	工行			1 500 000.00
75	2201	应付票据			
76	220103	浙江优特轴承有限公司			

续表

序号	科目编码	科目名称	数量核算	期初余额	
				借方金额	贷方金额
77	2202	应付账款			4 648 442.90
78	220201	龙祥实业有限公司			
79	220202	利达实业有限公司			
80	220203	水务公司			
81	220204	电力公司			
82	220205	广东中山弹簧有限公司			1 017 900.00
83	220206	昆山佳美轴承有限公司			886 275.00
84	220207	浙江带钢有限公司			740 025.00
85	220208	浙江威尼斯有限公司			169 357.50
86	220209	浙江优特轴承有限公司			243 360.00
87	220210	绍兴光明铝业有限公司			1 591 525.40
88	2203	预收账款			
89	220301	海南信誉汽车贸易有限公司			
90	2211	应付职工薪酬			28 740.50
91	221101	职工工资			
92	221103	职工福利费			
93	221104	工会经费			
94	221105	职工教育经费			28 740.50
95	221106	非货币性福利			
96	221107	基本社会保险			
97	221109	住房公积金			
98	2221	应交税费		73 857.68	
99	222101	应交增值税			105 307.00
100	22210101	进项税额		4 645 924.88	
101	22210102	已交税金		1 874 198.46	
102	22210106	销项税额			6 625 209.34
103	22210108	进项税额转出			221.00
104	222106	应交所得税		244 861.42	
105	222108	应交城市维护建设税			7 371.49
106	222109	应交房产税			19 834.04

续表

序号	科目编码	科目名称	数量核算	期初余额	
				借方金额	贷方金额
107	222110	应交土地使用税			32 000.00
108	222113	应交水利建设基金			3 332.00
109	222114	应交教育费附加			3 159.21
110	2231	应付利息			
111	2241	其他应付款			
112	224101	浙江兴达股份有限公司			
113	224102	路路通运输有限公司			
114	负债小计			6 764 984.76	12 868 310.48
115	3001	实收资本			31 600 000.00
116	3101	盈余公积			55 317.51
117	310101	法定盈余公积			55 317.51
118	3103	本年利润			1 113 839.50
119	3104	利润分配			2 657 251.52
120	310415	未分配利润			2 657 251.52
121	权益小计				35 426 408.53
122	4001	生产成本		234 914.85	
123	400101	基本生产成本		234 914.85	
124	40010105	第一车间		36 453.70	
125	40010106	第二车间		12 789.01	
126	40010107	装配车间		185 672.14	
127	4001010701	张紧轮——甲型		73 442.22	
128	4001010702	张紧轮——乙型		46 590.40	
129	4001010703	惰轮——甲型		25 535.56	
130	4001010704	惰轮——乙型		40 103.96	
131	4101	制造费用			
132	410101	第一车间			
133	410102	第二车间			
134	410103	装配车间			
135	成本小计			234 914.85	
136	5001	主营业务收入			

续表

序号	科目编码	科目名称	数量核算	期初余额	
				借方金额	贷方金额
137	500101	甲型张紧轮			
138	500102	乙型张紧轮			
139	500103	甲型惰轮			
140	500104	乙型惰轮			
141	5111	投资收益			
142	5301	营业外收入			
143	5401	主营业务成本			
144	540101	张紧轮——甲型			
145	540102	张紧轮——乙型			
146	540103	惰轮——甲型			
147	540104	惰轮——乙型			
148	5403	营业税金及附加			
149	5601	销售费用			
150	5602	管理费用			
160	5603	财务费用			
161	5711	营业外支出			
162	损益小计				
163	合计			51 866 094.01	51 866 094.01

二、账户明细资料

原材料明细账期初余额

名　称	数　量	计量单位	单位成本（元）	金额（元）
铝锭	700	千克	15.4	10 881.00
钢件	1	吨	5 552.64	5 552.64
轴承	570	只	7.06	4 022.5
弹簧	2 220	只	5.88	13 052.00
辅料：润滑油	145	千克	6.19	898.15
中心轴套	47 150	只	1.31	61 845.00
其他辅料	1.8	吨	5 164.42	9 295.96

续表

名　称	数　量	计量单位	单位成本（元）	金额（元）
包装纸盒	53 319	只	0.5	26 659.50
合　计			—	132 206.75

在产品期初余额明细表

名　称		数　量	金额(元)
第一车间(支板本体)		1 370	36 453.70
第二车间(皮带轮)		1 530	12 789.01
张紧轮总成	甲型	1 400	73 442.22
	乙型	700	46 590.40
惰轮	甲型	1 533	25 535.56
	乙型	1 200	40 103.96
合　计			234 914.85

库存商品期初余额明细表

名　称		数　量	单位成本(元)	金额(元)
张紧轮总成	甲型	10 053	53.69	539 764.46
	乙型	9 569	67.59	646 754.40
惰轮	甲型	8 733	17.54	153 203.76
	乙型	7 814	34.36	268 451.20
合　计		—	—	1 608 173.82

固定资产明细账期初余额

单位:元

固定资产类别 / 产品、部门	房屋建筑物原值	生产设备原值	办公家具器具原值	货车原值	合　计
第一基本生产车间	4 184 315	1 648 160			5 832 475
第二基本生产车间	3 983 540	1 471 200			5 454 740
装配车间	4 506 100	1 267 222			5 773 322
企业管理部门	1 493 220		516 818	60 000	2 070 038
不需用		102 800			102 800
合　计	14 167 175	4 489 382	516 818	60 000	19 233 375

三、11 月份利润表

制表单位:浙江顺达股份有限公司　　期间:2013 年 1～11 月　　单位:元

项　目	行数	本年累计数
一、营业收入	1	38 720 261.54
减:营业成本	2	33 866 104.18
营业税金及附加	3	520 881.53
其中:消费税	4	—
营业税	5	—
城市维护建设税	6	137 951.84
资源税	7	
土地增值税	8	
城镇土地使用税、房产税、车船税、印花税	9	285 087.22
教育费附加、矿产资源补偿费、排污费	10	59 122.21
销售费用	11	807 320.50
其中:商品维修费	12	
广告费和业务宣传费	13	
管理费用	14	1 533 201.30
其中:开办费	15	
业务招待费	16	270 720
研究费用	17	
财务费用	18	777 893.53
其中:利息费用(收入以"－"号填列)	19	
加:投资收益(损失以"－"号填列)	20	42 000
二、营业利润(亏损以"－"号填列)	21	1 256 860.50
加:营业外收入	22	500
其中:政府补助	23	
减:营业外支出	24	143 521
其中:坏账损失	25	
无法收回的长期债券投资损失	26	
无法收回的长期股权投资损失	27	
自然灾害等不可抗力因素造成的损失	28	

续表

项　目	行数	本年累计数
税收滞纳金	29	
三、利润总额(亏损总额以"一"号填列)	30	1 113 839.50
减:所得税费用	31	
四、净利润(净亏损以"一"号填列)	32	1 113 839.50

第四章

模拟企业核算资料

一、模拟企业 2013 年 12 月份经济业务内容

1. 1 日，购入办公用品当即由管理部门领用。(普通发票、办公用品领用表)

2. 1 日，收到浙江振兴实业有限公司前欠的货款。(电子转账单)

3. 2 日，从绍兴光明铝业有限公司购入铝锭 60 吨，运费以存款支付。(增值税专用发票、入库单、转账支票存根)

4. 3 日，向青岛建邦有限公司销售张紧轮总成甲型2 000只，乙型1 500只，货物发出，已向银行办妥委托收款手续。(增值税专用发票、托收凭证、出库单)

5. 4 日，开出转账支票支付会务费5 300元。(转账支票存根、增值税专用发票)

6. 4 日，从浙江带钢有限公司购入钢件 118 吨，款项尚未支付，材料验收入库。发生运费以银行转账支票支付。(增值税专用发票、入库单、转账支票存根)

7. 4 日，收回湖南长沙汽车有限公司所欠货款 1 841 580 元。(电子转账单)

8. 5 日，收回诸暨佳润汽配有限公司以前所欠货款。(电子转账单)

9. 5 日，向广东利达汽车有限公司销售惰轮，货款未收。(增值税专用发票、托收承付凭证、出库单)

10. 5 日，向广东利达汽车有限公司销售货物，本公司负担发生的运费以现金支票支付。(运输业增值税专用发票、现金支票存根)

11. 9 日，收到广东中山弹簧有限公司发来弹簧55 000只，发生的运费以银行存款支付。(增值税专用发票、运输业增值税专用发票、验收入库单)

12. 10 日，向昆山佳美轴承有限公司购入轴承110 000只，发生运费以银行转账支

票支付。(增值税专用发票、入库单、转账支票存根)

13. 10 日,向浙江威尼斯有限公司购入其他辅料 4 吨,购入润滑油 500 千克,货款及运费以银行存款支付。(增值税专用发票、网银支付凭证、转账支票存根、入库单)

14. 11 日,向市农机公司销售张紧轮和惰轮,收到市农机公司交来的转账支票一份。(增值税专用发票、进账单、出库单)

15. 12 日,缴纳上月增值税、城市维护建设税、教育费附加、水利建设基金。(税收电子转账专用完税证)

16. 13 日,以存款支付前欠绍兴光明铝业有限公司货款。(电子银行交易回单)

17. 15 日,厂部管理人员郭明预借差旅费,以现金予以支付。(借款单)

18. 16 日,出售股票一批,账面成本 20 万元。(股票交易交割单)

19. 17 日,购入包装纸盒 50 000 只。(增值税专用发票、入库单、转账支票存根)

20. 20 日,以银行存款支付本年度电话费。(浙江省地方税务局机打发票、委托收款凭证)

21. 21 日,向诸暨佳润汽配有限公司销售张紧轮,已办妥委托收款手续。(增值税专用发票、托收凭证、出库单)

22. 21 日,向诸暨佳润汽配有限公司销售货物,发生的运费以现金支票支付。(运输业增值税专用发票、现金支票存根)

23. 22 日,厂部管理人员郭明报销差旅费 5 200 元,结清原借款 6 000 元,退现金 800 元。(差旅费报销单)

24. 23 日,收到当地政府给予的财政贴息 80 000 元。(收款通知)。

25. 26 日,支付航天金税湖州公司技术维护费 480 元。(银行付款回单,航天金税湖州公司普通发票)。

26. 29 日,以银行存款支付本月招待客户的就餐费 8 600 元。(浙江省地方税务局机打发票、转账支票存根)

27. 31 日,第一车间领用材料。(领料单)

28. 31 日,第二车间领用材料。(领料单)

29. 31 日,装配车间领用材料。(领料单)

30. 31 日,计提固定资产折旧。(固定资产折旧计提表)

31. 31 日,摊销长期待摊费用。(长期待摊费用计算表)

32. 31 日,根据工资单发放本月工资。(工资单、网上银行转账凭证)

33. 31 日，结转本月工资。（人工费用分配表）

34. 31 日，计提本月社会保险费、住房公积金、工会经费、职工教育经费。（社会保险费、工会经费、职工教育经费计提表）

35. 31 日，购入食用油向职工发放。（增值税普通发票、发放单、转账支票存根）

36. 31 日 结转向职工发放的食用油。（人工费用分配表）

37. 31 日，缴纳住房公积金、工会经费、社会保险费。（东吴市住房公积金月度结算凭证、小额支付系统专用凭证、委托收款凭证、工会经费收入专用收据）

38. 31 日，以银行存款支付本月水费。（增值税专用发票、银行托收凭证）

39. 31 日，分配结转本月水费。（水费分配表）

40. 31 日，以银行存款支付本月电费。（增值税专用发票、银行托收凭证）

41. 31 日，分配结转本月电费。（电费分配表）

42. 31 日，摊销本月应摊销的土地使用权。（无形资产摊销表）

43. 31 日，根据投资协议规定，以现金资产向万达股份有限公司进行长期股权投资。（股权投资协议书、电子银行交易回单）

44. 31 日，根据合同规定，司机李明报销交通违章罚款 2 600 元。（报销单）。

45. 31 日，支付网络技术维护费 1 680 元。（银行付款回单，英才网络技术公司普通发票）

46. 31 日，以银行存款支付前欠浙江带钢有限公司货款740 025元。（电子转账单）

47. 31 日，司机李明报销过路费、汽油费和修理费等。（报销单、现金支票存根）

48. 31 日，从银行提出现金 10 000 元备用。（现金支票存根）

49. 31 日，收到司机李明汽车承包费 10 000 元。（汽车承包协议，进账单）。

50. 31 日，分配结转本月制造费用。（制造费用分配表）

51. 31 日，结转领用半成品成本。（产品成本计算表）

52. 31 日，结转完工产品成本。其中，甲型张紧轮 17 200 件，乙型张紧轮 17 500 件；甲型惰轮 17 500 件，乙型惰轮 17 200 件。（产品入库单）

53. 31 日，向海南信誉汽车贸易公司销售张紧轮总成和惰轮，货物发出，办妥委托收款手续。（增值税专用发票、托收承付凭证、出库单）

54. 31 日，向海南信誉汽车贸易公司销售货物，发生的运费以现金支票支付。（运输业增值税专用发票、转账支票存根）

55. 31 日，计提本月税费。（税费计算单）。

56. 31 日，计算并结转已销产品的销售成本。（产品销售成本计算单）

57. 31 日，结转销售部门本月领用纸盒 61 900 只。（领料单）

58. 31 日，计提并支付本月短期借款利息共计 7 000 元。（借款利息计提表、电子银行交易回单）

59. 31 日，支付短期借款逾期罚息共计 3 500 元。（电子银行交易回单、贷款罚息计算表）

60. 31 日，收到存款利息共计 189 元。（利息入账单）

61. 31 日，归还短期借款 500 000 元。（电子银行交易回单）

62. 通过市民政局向东吴市爱山小学捐款 20 万元。（公益性捐赠单位统一收据、转账支票存根）

63. 31 日，盘亏库存现金 500 元。（物资盘盈盘亏报告表）

64. 31 日，盘亏库存现金经批准处理。（物资盘盈盘亏审批表）

65. 31 日，给厂部职工住院给予补助。（领（借）款申请单）

66. 31 日，结转报废的固定资产。（固定资产报废单）

67. 31 日，报废固定资产经批准处理。（固定资产报废批准处理单）

68. 31 日，王自强等四人报销参加职工技术培训费用 1 660 元。（浙江省政府非税收入统一票据、转账支票存根）

69. 31 日，结转本年度企业所得税。（中华人民共和国企业所得税年度纳税申报表）

70. 31 日，根据董事会决议通知，进行本年度利润分配。（董事会决议通知）

二、模拟企业 2013 年 12 月份经济业务原始凭证

1.

浙江省国家税务局通用机打发票　　浙江国税

发票联

发票代码：133011330335

发票号码

开票日期：2013 年 12 月 1 日　　行业分类：货物销售　　网络发票号：

购货方名称：浙江顺达股份有限公司　　销售方名称：浙北大厦

购货方地址及电话：东吴市开发区杭长桥南路 278 号　　销售方地址及电话：

购货方识别号：330501333233336　　销售方识别号：330501566278899

购货方银行及账号：1913010104001696568　　销售方银行及账号：1563010104002226969

货物名称	单位	数量	单价	金额
办公用品				¥ 400. 00

合计人民币（大写）肆佰元整

开票人：俞华　　收款人：张胜　　收款单位盖章　　手写无效

现金付讫

第二联：发票联　购货单位付款凭证（手开无效）

购货清单

No 22699312

客户名称：浙江顺达股份有限公司　　2013 年 12 月 1 日

货品货物名称	规格	单位	数量	单价	万	千	百	十	元	角	分
					金额						
笔记本		本	20	5			1	0	0	0	0
水笔		盒	5	30			1	5	0	0	0
报夹		个	3	50			1	5	0	0	0
合　计						¥	4	0	0	0	0

填票人：张艳　　收款人：王明　　销售单位：浙北大厦

办公用品领用登记表

2013 年 12 月 1 日

日期	领用部门	办公用品名称	单位	数量	金额	签名
12.1	办公室	笔记本	本	20	100	刘军
12.1	办公室	水笔	盒	5	150	刘军
12.1	办公室	报夹	个	3	150	刘军
合　计					400	

主管：马军　　　　审核：张罗　　　　制单：胡亚萍

2.

中国工商银行

电子银行交易回单(收款方)

2013 年 12 月 1 日

付款方户名:浙江振兴实业有限公司
付款方账号:2013586239655491232
付款方开户行:工行温州鹿城区支行
收款方户名:浙江顺达股份有限公司
收款方账号:1003010104001696568
收款方开户行:工行开发区支行
大写金额:贰拾柒万肆仟玖佰伍拾元整
小写金额:￥274 950.00
交易用途:收到货款
受理渠道:网上银行　　　　业务流水号:123511222101123
集团交易标志:
集团交易说明:

工行开发区支行 2013.12 转讫

3.

浙江省增值税专用发票

发票联

No　69820019

开票日期：2013年12月2日

购货单位	名　　称：浙江顺达股份有限公司 纳税人识别号：330501333233336 地 址 、电 话：东吴市开发区杭长桥南路278号 开户行及账号：工行开发区支行　1003010104001696568			密码区			
货物或应税劳务名称	规格型号	单位	数量	单价	金额	税率	税额
铝锭		吨	60	15 100.00	906 000.00	17%	154 020.00
合　计			60	15 100.00	906 000.00	17%	154 020.00
价税合计（大写）	壹佰零陆万零贰拾元整				（小写）　¥1 060 020.00		
销货单位	名　　称：浙江绍兴光明铝业有限公司 纳税人识别号：3306217580606 地 址 、电 话：绍兴市光明路111号 开户行及账号：工行光明路支行 2200984321567896726			备注	款项未付		

第三联：发票联　购货方作记账凭证

收款人：李立　　复核：刘明　　开票人：姜洋洋　　销货单位：（章）

浙江省增值税专用发票

抵扣联

No　69820019

开票日期：2013年12月2日

购货单位	名　　称：浙江顺达股份有限公司 纳税人识别号：330501333233336 地 址 、电 话：东吴市开发区杭长桥南路278号 开户行及账号：工行开发区支行　1003010104001696568			密码区			
货物或应税劳务名称	规格型号	单位	数量	单价	金额	税率	税额
铝锭		吨	60	15 100.00	906 000.00	17%	154 020.00
合　计			60	15 100.00	906 000.00	17%	154 020.00
价税合计（大写）	壹佰零陆万零贰拾元整				（小写）　¥1 060 020.00		
销货单位	名　　称：浙江绍兴光明铝业有限公司 纳税人识别号：3306217580606 地 址 、电 话：绍兴市光明路111号 开户行及账号：工行光明路支行　2200984321567896726			备注	款项未付		

第二联：抵扣联　购货方扣税凭证

收款人：李立　　复核：刘明　　开票人：姜洋洋　　销货单位：（章）

3001233691

货物运输业增值税专用发票

No 00102331

开票日期：2013－12－02

承运人及纳税人识别号	浙江途安运输有限公司	密码区	
实际受票方及纳税人识别号	浙江顺达股份有限公司		
收货人及纳税人识别号	浙江顺达股份有限公司	发货人及纳税人识别号	浙江绍兴光明铝业有限公司
起运地、经由、到达地	浙江省绍兴市 浙江省东吴市		
费用项目及金额	运费：3 600.00 元	运输货物信息	铝锭

合计金额	¥3 600.00	税率	11%	税额	¥396.00	机器编号	658974232
价格合计(大写)	叁仟玖佰玖拾陆元整				(小写)	¥3 996.00	
车种车号		车船吨位		备注	浙江途安运输有限公司 发票专用章		
主管税务机关及代码							

收款人：李英 复核人：张华 开票人：蔡平 承运人：(章)

第三联：发票联 受票方记账凭证

3001233691

货物运输业增值税专用发票

No 00102331

开票日期：2013－12－02

承运人及纳税人识别号	浙江途安运输有限公司	密码区	
实际受票方及纳税人识别号	浙江顺达股份有限公司		
收货人及纳税人识别号	浙江顺达股份有限公司	发货人及纳税人识别号	浙江绍兴光明铝业有限公司
起运地、经由、到达地	浙江省绍兴市 浙江省东吴市		
费用项目及金额	运费：3 600.00 元	运输货物信息	铝锭

合计金额	¥3 600.00	税率	11%	税额	¥396.00	机器编号	658974232
价格合计(大写)	叁仟玖佰玖拾陆元整				(小写)	¥3 996.00	
车种车号		车船吨位		备注	浙江途安运输有限公司 发票专用章		
主管税务机关及代码							

收款人：李英 复核人：张华 开票人：蔡平 承运人：(章)

第二联：抵扣联 受票方抵扣凭证

入库单

NO　*22000126*

2013 年 *12* 月 *2* 日

名　称	规格	单位	入库数量	单价	金额	备注
铝锭		吨	*60*	*15 160.00*	*909 600.00*	
合　计					*909 600.00*	

主管　毛茂才　　　仓库　肖拓　　　记账　蔡畅　　　经手人　旺达

中国工商银行

转账支票存根

ⅥⅥ030616

科　　目　银行存款

对方科目　原材料

出票日期　*2013* 年 *12* 月 *2* 日

收款人：浙江速安运输有限公司

金　额：¥*3 996.00*

用　途：支付运费

利沈
印顺

单位主管　柏大　　　会计　毛岩

4.

浙江省增值税专用发票

记账联

No 20100044

开票日期：2013 年 12 月 3 日

<table>
<tr><td rowspan="4">购货单位</td><td colspan="6">名　　　称：青岛建邦有限公司
纳税人识别号：300021000362252
地 址 、电 话：青岛市李沧区勤劳街 38 号
开户行及账号：工行李沧区勤劳街支行
6222021250004846655</td><td>密码区</td><td></td></tr>
</table>

货物或应税劳务名称	规格型号	单位	数量	单价	金额	税率	税额
张紧轮甲型		只	2 000	60.00	120 000.00	17%	20 400.00
张紧轮乙型		只	1 500	70.00	105 000.00	17%	17 850.00
合　计					225 000.00	17%	38 250.00
价税合计（大写）	贰拾陆万叁仟贰佰伍拾元整				（小写）	¥263 250.00	

<table>
<tr><td>销货单位</td><td>名　　　称：浙江顺达股份有限公司
纳税人识别号：330501333233336
地 址 、电 话：东吴市开发区杭长桥南路 278 号
开户行及账号：工行开发区支行
1003010104001696568</td><td>备注</td><td>浙江顺达股份有限公司 发票专用章 330501333233336</td></tr>
</table>

收款人：李明　　复核：苏红　　开票人：赵建华　　销货单位：（章）

第一联：记账联　销货方作记账凭证

托收凭证（受理回单）

委托日期　2013 年 12 月 3 日

<table>
<tr><td colspan="6">委托收款（□邮划、☑电划）　托收承付（□邮划、□电划）</td></tr>
<tr><td rowspan="3">付款人</td><td>开户银行</td><td colspan="1">工行李沧区勤劳街支行</td><td rowspan="3">收款人</td><td>全　称</td><td>工行开发区支行</td></tr>
<tr><td>账　号</td><td>6222021250004846655</td><td>账　号</td><td>1003010104001696568</td></tr>
<tr><td>地　址</td><td>山东省　青岛　市县　开户行　工行</td><td>地　址</td><td>山东省　青岛　市县　开户行　工行</td></tr>
<tr><td>金额</td><td colspan="3">人民币（大写）贰拾陆万叁仟贰佰伍拾元整</td><td colspan="2">亿 千 百 十 万 千 百 十 元 角 分
　　 ¥ 2 6 3 2 5 0 0 0</td></tr>
<tr><td>款项内容</td><td></td><td>托收凭据名称</td><td></td><td>附寄单证张数</td><td></td></tr>
<tr><td colspan="2">商品发运情况</td><td></td><td>合同名称号码</td><td colspan="2"></td></tr>
<tr><td colspan="2">备注：

复核　　　记账</td><td colspan="2">款项收妥日期

年　月　日</td><td colspan="2">工行开发区支行 2013.12 转讫
收款人开户银行签章
年　月　日</td></tr>
</table>

出库单

No 1300046

2013 年 12 月 3 日

名　称	规格	单位	出库数量	单价	金额	备注
张紧轮	甲型	只	2 000			
张紧轮	乙型	只	1 500			
合　计						

主管　毛茂才　　仓库　肖拓　　记账　蔡畅　　经手人　孙艳

5.

浙江省增值税专用发票

发票联

No 91206121

开票日期：2013 年 12 月 4 日

购货单位	名　　称：浙江顺达股份有限公司 纳税人识别号：330501333233336 地 址 、电 话：东吴市开发区杭长桥南路 278 号 开户行及账号：工行开发区支行　1003010104001696568					密码区		
货物、应税劳务或服务名称	规格型号	单位	数量	单价		金额	税率	税额
会议费						5 000.00	6%	300.00
合　计						5 000.00	6%	300.00
价税合计(大写)	伍仟叁佰元整					(小写)	￥5 300.00	
销货单位	名　　称：湖州开元大酒店 纳税人识别号：3305211580601 地 址 、电 话：湖州市人民路 21 号 开户行及账号：工行人民路支行　1320184321526678976					备注	湖州开元大酒店 发票专用章	

第三联：发票联　购货方作记账凭证

收款人：孙琴　　复核：胡红　　开票人：刘民　　销货单位：(章)

浙江省增值税专用发票

抵扣联

No 91206121

开票日期：2013 年 12 月 4 日

购货单位	名　　称：浙江顺达股份有限公司 纳税人识别号：330501333233336 地 址 、电 话：东吴市开发区杭长桥南路 278 号 开户行及账号：工行开发区支行　1003010104001696568			密码区			
货物、应税劳务或服务名称	规格型号	单位	数量	单价	金额	税率	税额
会议费					5 000. 00	6%	300. 00
合　计					5 000. 00	6%	300. 00
价税合计（大写）	伍仟叁佰元整				（小写）	￥5 300. 00	
销货单位	名　　称：湖州开元大酒店 纳税人识别号：3305211580601 地 址 、电 话：湖州市人民路 21 号 开户行及账号：工行人民路支行　1320184321526678976			备注	湖州开元大酒店 发票专用章		

收款人：孙琴　　复核：胡红　　开票人：刘民　　销货单位：（章）

第二联：抵扣联　购货方扣税凭证

中国工商银行

转账支票存根

ⅥⅥ030617

科　　目　银行存款

对方科目　管理费用

出票日期　2013 年 12 月 4 日

收款人：湖州开元大酒店
金　额：￥5 300. 00
用　途：中小企业会议费

沈利 顺印

单位主管　柏大　　会计　毛岩

6.

浙江省增值税专用发票

No 52895622

发票联

开票日期：2013 年 12 月 4 日

购货单位	名　　称：浙江顺达股份有限公司 纳税人识别号：330501333233336 地 址、电 话：东吴市开发区杭长桥南路 278 号 开户行及账号：工行开发区支行　1003010104001696568					密码区		
货物或应税劳务名称		规格型号	单位	数量	单价	金额	税率	税额
钢件			吨	118	5 500.00	649 000.00	17%	110 330.00
合　计				118	5 500.00	649 000.00	17%	110 330.00
价税合计(大写)		柒拾伍万玖仟叁佰叁拾元整				(小写)　¥759 330.00		
销货单位	名　　称：浙江带钢有限公司 纳税人识别号：330800857737198 地 址、电 话：衢州市安庆路 177 号 开户行及账号：工行安庆路支行　1200011132564115569					备注	款项尚未支付	

收款人：许寒　　复核：令雷　　开票人：戴强　　销货单位：(章)

第三联：发票联　购货方作记账凭证

浙江省增值税专用发票

No 52895622

抵扣联

开票日期：2013 年 12 月 4 日

购货单位	名　　称：浙江顺达股份有限公司 纳税人识别号：330501333233336 地 址、电 话：东吴市开发区杭长桥南路 278 号 开户行及账号：工行开发区支行　1003010104001696568					密码区		
货物或应税劳务名称		规格型号	单位	数量	单价	金额	税率	税额
钢件			吨	118	5 500.00	649 000.00	17%	110 330.00
合　计				118	5 500.00	649 000.00	17%	110 330.00
价税合计(大写)		柒拾伍万玖仟叁佰叁拾元整				(小写)　¥759 330.00		
销货单位	名　　称：浙江带钢有限公司 纳税人识别号：330800857737198 地 址、电 话：衢州市安庆路 177 号 开户行及账号：工行安庆路支行　1200011132564115569					备注	款项尚未支付	

收款人：许寒　　复核：令雷　　开票人：戴强　　销货单位：(章)

第二联：抵扣联　购货方扣税凭证

入 库 单

No 22000127

2013 年 12 月 4 日

名　称	规格	单位	入库数量	单价	金额	备注
钢件		吨	118	5 552.54	655 200.00	
合　计					655 200.00	

主管　毛茂才　　仓库　肖拓　　记账　蔡畅　　经手人　旺达

3369321056

货物运输业增值税专用发票

No 09500233

开票日期：2013－12－04

<table>
<tr><td>承运人及
纳税人识别号</td><td colspan="3">浙江途安运输有限公司</td><td rowspan="2">密码区</td><td colspan="4" rowspan="2"></td></tr>
<tr><td>实际受票方
及纳税人识别号</td><td colspan="3">浙江顺达股份有限公司</td></tr>
<tr><td>收货人及
纳税人识别号</td><td colspan="3">浙江顺达股份有限公司</td><td colspan="2">发货人及
纳税人识别号</td><td colspan="3">浙江带钢有限公司</td></tr>
<tr><td>起运地、经由、到达地</td><td colspan="8">浙江省绍兴市　浙江省东吴市</td></tr>
<tr><td>费用项目及金额</td><td colspan="3">运费：6 200.00 元</td><td>运输货物信息</td><td colspan="4">钢件</td></tr>
<tr><td>合计金额</td><td>¥6 200.00</td><td>税率</td><td>11%</td><td>税额</td><td>¥682.00</td><td>机器编号</td><td colspan="2">658921422</td></tr>
<tr><td>价格合计(大写)</td><td colspan="5">陆仟捌佰捌拾贰元整</td><td colspan="3">(小写)　¥6 882.00</td></tr>
<tr><td>车种车号</td><td colspan="2"></td><td>车船吨位</td><td rowspan="2">备注</td><td colspan="4" rowspan="2">浙江途安运输有限公司
发票专用章</td></tr>
<tr><td>主管税务机关
及代码</td><td></td><td></td><td></td></tr>
</table>

第三联：发票联　受票方记账凭证

收款人：李英　　复核人：张华　　开票人：蔡平　　承运人：(章)

3369321056　　**货物运输业增值税专用发票**　　No 09500233

开票日期：2013－12－04

承运人及纳税人识别号	浙江途安运输有限公司			密码区			
实际受票方及纳税人识别号	浙江顺达股份有限公司						
收货人及纳税人识别号	浙江顺达股份有限公司			发货人及纳税人识别号	浙江带钢有限公司		
起运地、经由、到达地	浙江省绍兴市　浙江省东吴市						
费用项目及金额	运费：6 200.00 元			运输货物信息	钢件		
合计金额	￥6 200.00	税率	11%	税额	￥682.00	机器编号	658921422
价格合计（大写）	陆仟捌佰捌拾贰元整				（小写）￥6 882.00		
车种车号		车船吨位		备注			
主管税务机关及代码							

收款人：李英　　复核人：张华　　开票人：蔡平　　承运人：（章）

第二联：抵扣联　受票方抵扣凭证

中国工商银行

转账支票存根

Ⅵ Ⅵ030618

科　　目　银行存款

对方科目　原材料

出票日期　2013 年 12 月 4 日

收款人：	浙江途安运输有限公司
金　额：	￥6 882.00
用　途：	支付运费

单位主管　柏大　　会计　毛岩

7.

中国工商银行

电子银行交易回单(收款方)

2013年12月4日

付款方户名:湖南长沙汽车有限公司
付款方账号:3022202120500484663
付款方开户行:湘江路北门支行
收款方户名:浙江顺达股份有限公司
收款方账号:1003010104001696568
收款方开户行:工行开发区支行
大写金额:壹佰捌拾肆万壹仟伍佰捌拾元整
小写金额:¥1 841 580.00
交易用途:收到前欠货款
受理渠道:网上银行
集团交易标志:
集团交易说明:

业务流水号:12351122210045

8.

中国工商银行

电子银行交易回单(收款方)

2013年12月5日

付款方户名:诸暨佳润汽配有限公司
付款方账号: 1008818775330688552
付款方开户行:工行浙江诸暨市浣沙路支行
收款方户名:浙江顺达股份有限公司
收款方账号:1003010104001696568
收款方开户行:工行开发区支行
大写金额:壹佰壹拾捌万陆仟叁佰捌拾元整
小写金额:¥1 186 380.00
交易用途:收到前欠货款
受理渠道:网上银行
集团交易标志:
集团交易说明:

业务流水号:12351122213984

9.

浙江省增值税专用发票

No　20100045

开票日期：2013 年 12 月 5 日

购货单位	名　　称：广东利达汽车有限公司 纳税人识别号：144001205678998 地 址 、电 话：广东东莞美霞路 621 号 开户行及账号：农行美霞路支行 83330245020002022068	密码区					
货物或应税劳务名称	规格型号	单位	数量	单价	金额	税率	税额
惰轮甲型		只	8 000	23.00	184 000.00	17%	31 280.00
惰轮乙型		只	7 000	40.00	280 000.00	17%	47 600.00
合　计					464 000.00	17%	78 880.00
价税合计(大写)	伍拾肆万贰仟捌佰捌拾元整				(小写)	￥542 880.00	
销货单位	名　　称：浙江顺达股份有限公司 纳税人识别号：330501333233336 地 址 、电 话：东吴市开发区杭长桥南路 278 号 开户行及账号：工行开发区支行 1003010104001696568	备注	浙江顺达股份有限公司 发票专用章 国家税务局监制				

第一联：记账联　销货方作记账凭证

收款人：林峰　　　复核：王海涛　　　开票人：张宇峰　　　销货单位：(章)

托收凭证(受理回单)

委托日期　2013 年 12 月 5 日

委托收款(□邮划、☑电划)　　托收承付(□邮划、□电划)								
付款人	开户银行	农行美霞路支行			收款人	全　称	工行开发区支行	
	账　　号	83330245020002022068				账　号	1003010104001696568	
	地　　址	广东省　广州 市县	开户行	工行		地　址	浙江省　东吴 市县	开户行　工行

金额	人民币(大写)	亿	千	百	十	万	千	百	十	元	角	分
	伍拾肆万贰仟捌佰捌拾元整			￥	5	4	2	8	8	0	0	0

款项内容		托收凭据名称		附寄单证张数	
商品发运情况		合同名称号码			
备注： 复核　　记账	款项收妥日期 年　月　日	收款人开户银行签章 工行开发区支行 2013.12 转讫 年　月　日			

出库单

No 1300047

2013 年 12 月 5 日

名 称	规格	单位	出库数量	单价	金额	备注
惰轮	甲型	只	8 000			
惰轮	乙型	只	7 000			
合 计						

主管 毛茂才　　仓库 肖拓　　记账 蔡畅　　经手人 孙艳

10.

2307230500

货物运输业增值税专用发票

No 01100235

开票日期:2013－12－05

承运人及纳税人识别号	浙江途安运输有限公司	密码区	
实际受票方及纳税人识别号	广东利达汽车有限公司		
收货人及纳税人识别号	广东利达汽车有限公司	发货人及纳税人识别号	浙江顺达股份有限公司
起运地、经由、到达地	浙江省东吴市　广东省广州市		
费用项目及金额	运费:2 000.00 元	运输货物信息	钢件
合计金额	￥2 000.00	税率 11%	税额 ￥220.00　机器编号 255874132
价格合计(大写)	贰仟贰佰贰拾元整		(小写) ￥2 220.00
车种车号		车船吨位	备注
主管税务机关及代码			

第三联:发票联 受票方记账凭证

收款人: 李英　　复核人: 张华　　开票人: 蔡平　　承运人:(章)

2307230500

货物运输业增值税专用发票

No 01100235

此联不作报销、和托运凭证使用　　开票日期：2013－12－05

<table>
<tr><td>承运人及纳税人识别号</td><td>浙江途安运输有限公司</td><td rowspan="2">密码区</td><td colspan="3" rowspan="2"></td></tr>
<tr><td>实际受票方及纳税人识别号</td><td>广东利达汽车有限公司</td></tr>
<tr><td>收货人及纳税人识别号</td><td>广东利达汽车有限公司</td><td>发货人及纳税人识别号</td><td colspan="3">浙江顺达股份有限公司</td></tr>
<tr><td>起运地、经由、到达地</td><td colspan="5">浙江省东吴市　广东省广州市</td></tr>
<tr><td>费用项目及金额</td><td>运费：2 000.00 元</td><td>运输货物信息</td><td colspan="3">钢件</td></tr>
<tr><td>合计金额</td><td>¥2 000.00　税率　11%</td><td>税额</td><td>¥220.00</td><td>机器编号</td><td>255874132</td></tr>
<tr><td>价格合计(大写)</td><td colspan="5">贰仟贰佰贰拾元整　　(小写)　¥2 220.00</td></tr>
<tr><td>车种车号</td><td></td><td>车船吨位</td><td rowspan="2">备注</td><td colspan="2" rowspan="2"></td></tr>
<tr><td>主管税务机关及代码</td><td></td><td></td></tr>
</table>

第二联：抵扣联　受票方抵扣凭证

收款人：李英　　复核人：张华　　开票人：蔡平　　承运人：(章)

中国工商银行

现金支票存根

ⅥⅥ030244

科　　目　银行存款

对方科目　原材料

出票日期　2013 年 12 月 5 日

收款人：浙江途安运输有限公司
金　额：¥2 220.00
用　途：支付运输费

单位主管　柏大　　会计　毛岩

11.

广东省增值税专用发票

发票联

No 15232025

开票日期：2013 年 12 月 9 日

购货单位	名　　称：浙江顺达股份有限公司 纳税人识别号：330501333233336 地 址 、电 话：东吴市开发区杭长桥南路 278 号 开户行及账号：工行开发区支行 1003010104001696568				密码区		
货物或应税劳务名称	规格型号	单位	数量	单价	金额	税率	税额
弹簧		只	55 000	5.80	319 00.00	17%	54 230.00
合　计			55 000	5.80	319 000.00	17%	54 230.00
价税合计(大写)	叁拾柒万叁仟贰佰叁拾元整				(小写)	￥373 230.00	
销货单位	名　　称：广东中山弹簧有限公司 纳税人识别号：144001103333566 地 址 、电 话：广东省中山市复兴路 263 号 开户行及账号：工行复兴路支行 7300240000025869355				备注	广东中山弹簧有限公司 发票专用章	

第三联：发票联 购货方作记账凭证

收款人：黄荒　　复核：朱仁　　开票人：马柳杨　　销货单位：(章)

广东省增值税专用发票

全国统一发票监制章 广东省 国家税务局监制

抵扣联

No 15232025

开票日期：2013 年 12 月 9 日

购货单位	名　　称：浙江顺达股份有限公司 纳税人识别号：330501333233336 地 址 、电 话：东吴市开发区杭长桥南路 278 号 开户行及账号：工行开发区支行 1003010104001696568				密码区		
货物或应税劳务名称	规格型号	单位	数量	单价	金额	税率	税额
弹簧		只	55 000	5.80	319 00.00	17%	54 230.00
合　计			55 000	5.80	319 000.00	17%	54 230.00
价税合计(大写)	叁拾柒万叁仟贰佰叁拾元整				(小写)	￥373 230.00	
销货单位	名　　称：广东中山弹簧有限公司 纳税人识别号：144001103333566 地 址 、电 话：广东省中山市复兴路 263 号 开户行及账号：工行复兴路支行 7300240000025869355				备注	广东中山弹簧有限公司 发票专用章	

第二联：抵扣联 购货方扣税凭证

收款人：黄荒　　复核：朱仁　　开票人：马柳杨　　销货单位：(章)

入库单

No　22000128

2013 年 12 月 9 日

名　称	规格	单位	出库数量	单价	金额	备注
弹簧		只	55 000	5.82	320 000.00	
合　计					320 000.00	

主管　毛茂才　　仓库　肖拓　　记账　蔡畅　　经手人　旺达

2431436012

货物运输业增值税专用发票

No　12025344

开票日期：2013－12－09

承运人及纳税人识别号	浙江途安运输有限公司	密码区	
实际受票方及纳税人识别号	浙江顺达股份有限公司		
收货人及纳税人识别号	浙江顺达股份有限公司	发货人及纳税人识别号	广东中山弹簧有限公司
起运地、经由、到达地	浙江省东吴市　广东省广州市		
费用项目及金额	运费：1 000.00 元	运输货物信息	弹簧

合计金额	￥1 000.00	税率	11%	税额	￥110.00	机器编号	654412345
价格合计（大写）	壹仟壹佰壹拾元整				（小写）　￥1 110.00		
车种车号			车船吨位	备注			
主管税务机关及代码							

浙江途安运输有限公司　发票专用章

第三联：发票联　受票方记账凭证

收款人：李英　　复核人：张华　　开票人：蔡平　　承运人：（章）

2431436012　　**货物运输业增值税专用发票**　　No 12025344

（全国统一发票监制章 浙江省 国家税务局监制）

开票日期：2013－12－09

承运人及纳税人识别号	浙江途安运输有限公司		密码区				
实际受票方及纳税人识别号	浙江顺达股份有限公司						
收货人及纳税人识别号	浙江顺达股份有限公司		发货人及纳税人识别号	广东中山弹簧有限公司			
起运地、经由、到达地	浙江省东吴市　广东省广州市						
费用项目及金额	运费：1 000.00 元		运输货物信息	弹簧			
合计金额	￥1 000.00	税率	11%	税额	￥110.00	机器编号	654412345
价格合计（大写）	壹仟壹佰壹拾元整				（小写）　￥1 110.00		
车种车号		车船吨位		备注	浙江途安运输有限公司 发票专用章		
主管税务机关及代码							

第二联：抵扣联　受票方抵扣凭证

收款人：李英　　复核人：张华　　开票人：蔡平　　承运人：（章）

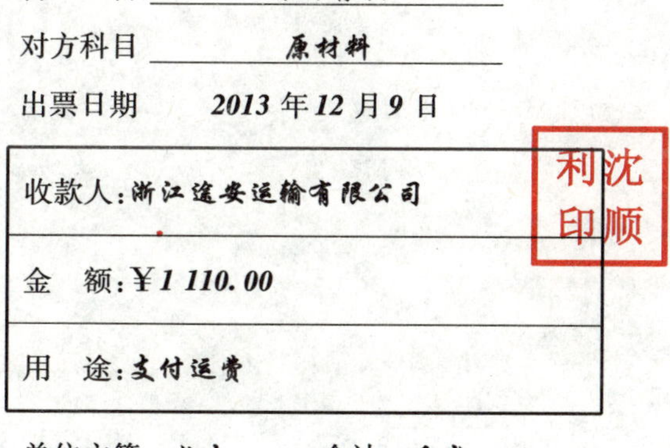

中国工商银行

转账支票存根

ⅥⅥ030619

科　　目　银行存款

对方科目　原材料

出票日期　2013 年 12 月 9 日

收款人：浙江途安运输有限公司
金　额：￥1 110.00
用　途：支付运费

沈利 顺印

单位主管　柏大　　会计　毛岩

12.

江苏省增值税专用发票

发票联

No　53120972

开票日期：2013 年 12 月 10 日

购货单位	名　　称：浙江顺达股份有限公司 纳税人识别号：330501333233336 地 址 、电 话：东吴市开发区杭长桥南路 278 号 开户行及账号：工行开发区支行　1003010104001696568	密码区	

货物或应税劳务名称	规格型号	单位	数量	单价	金额	税率	税额
轴承		只	110 000	7.45	819 500.00	17%	139 315.00
合　计			110 000	7.45	819 500.00	17%	139 315.00
价税合计（大写）	玖拾伍万捌仟捌佰壹拾伍元整				（小写）	￥958 815.00	

销货单位	名　　称：昆山佳美有限公司 纳税人识别号：320583608256333 地 址 、电 话：江苏省昆山市爱民路东塘 63 号 开户行及账号：工行爱民路支行　6500789512000236622	备注	昆山佳美有限公司 发票专用章

收款人：胡壬　　复核：闵蕴　　开票人：吴燕燕　　销货单位：（章）

第三联：发票联　购货方作记账凭证

江苏省增值税专用发票

江苏省
国家税务局监制

抵扣联

No　53120972

开票日期：2013 年 12 月 10 日

购货单位	名　　称：浙江顺达股份有限公司 纳税人识别号：330501333233336 地 址 、电 话：东吴市开发区杭长桥南路 278 号 开户行及账号：工行开发区支行　1003010104001696568	密码区	

货物或应税劳务名称	规格型号	单位	数量	单价	金额	税率	税额
轴承		只	110 000	7.45	819 500.00	17%	139 315.00
合　计			110 000	7.45	819 500.00	17%	139 315.00
价税合计（大写）	玖拾伍万捌仟捌佰壹拾伍元整				（小写）	￥958 815.00	

销货单位	名　　称：昆山佳美有限公司 纳税人识别号：320583608256333 地 址 、电 话：江苏省昆山市爱民路东塘 63 号 开户行及账号：工行爱民路支行　6500789512000236622	备注	昆山佳美有限公司 发票专用章

收款人：胡壬　　复核：闵蕴　　开票人：吴燕燕　　销货单位：（章）

第二联：抵扣联　购货方抵扣凭证

入 库 单

NO *22000129*

2013 年 *12* 月 *10* 日

名　称	规格	单位	出库数量	单价	金额	备注
轴承		只	110 000	7.51	826 200.00	
合　计					826 200.00	

主管　毛茂才　　仓库　肖拓　　记账　蔡畅　　经手人　旺达

3305021406

货物运输业增值税专用发票

No *10729582*

开票日期：*2013－12－10*

承运人及纳税人识别号	浙江省路路通有限公司	密码区	
实际受票方及纳税人识别号	浙江顺达股份有限公司		
收货人及纳税人识别号	浙江顺达股份有限公司	发货人及纳税人识别号	昆山佳美轴承有限公司
起运地、经由、到达地	江苏省昆山市　浙江省东吴市		
费用项目及金额	运费：6 700.00 元	运输货物信息	轴承

合计金额	￥6 700.00	税率	11%	税额	￥737.00	机器编号	523100046
价格合计（大写）	柒仟肆佰叁拾柒元整				（小写）￥7 437.00		
车种车号		车船吨位		备注	浙江省路路通运输有限公司 发票专用章		
主管税务机关及代码							

第三联：发票联　受票方记账凭证

收款人：孙平　　复核人：林洁　　开票人：马丽　　承运人：（章）

3305021406

货物运输业增值税专用发票

No 10729582

开票日期：2013－12－10

<table>
<tr><td>承运人及纳税人识别号</td><td colspan="3">浙江省路路通有限公司</td><td rowspan="2">密码区</td><td colspan="5" rowspan="2"></td></tr>
<tr><td>实际受票方及纳税人识别号</td><td colspan="3">浙江顺达股份有限公司</td></tr>
<tr><td>收货人及纳税人识别号</td><td colspan="3">浙江顺达股份有限公司</td><td colspan="2">发货人及纳税人识别号</td><td colspan="4">昆山佳美轴承有限公司</td></tr>
<tr><td>起运地、经由、到达地</td><td colspan="9">江苏省昆山市　浙江省东吴市</td></tr>
<tr><td>费用项目及金额</td><td colspan="3">运费：6 700.00 元</td><td>运输货物信息</td><td colspan="5">轴承</td></tr>
<tr><td>合计金额</td><td>￥6 700.00</td><td>税率</td><td>11%</td><td>税额</td><td>￥737.00</td><td>机器编号</td><td colspan="3">523100046</td></tr>
<tr><td>价格合计（大写）</td><td colspan="6">柒仟肆佰叁拾柒元整</td><td colspan="3">（小写）　￥7 437.00</td></tr>
<tr><td>车种车号</td><td colspan="2"></td><td>车船吨位</td><td></td><td rowspan="2">备注</td><td colspan="4" rowspan="2"></td></tr>
<tr><td>主管税务机关及代码</td><td></td><td></td><td></td><td></td></tr>
</table>

第二联：抵扣联　受票方抵扣凭证

收款人：孙平　　复核人：林洁　　开票人：马丽　　承运人：（章）

中国工商银行

转账支票存根

Ⅵ Ⅵ030620

科　　目　银行存款

对方科目　原材料

出票日期　2013 年 12 月 10 日

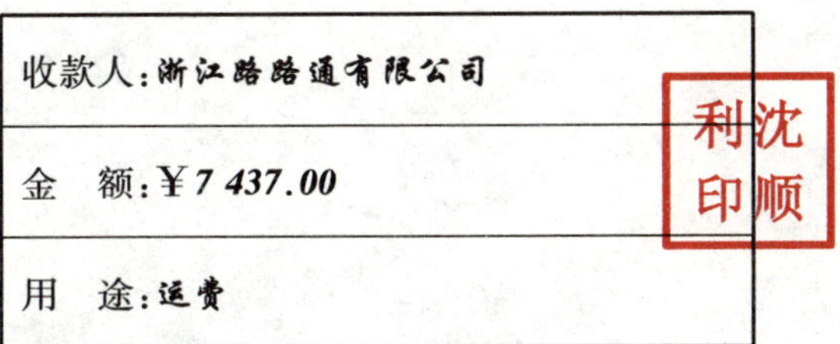

收款人：浙江路路通有限公司
金　额：￥7 437.00
用　途：运费

单位主管　柏大　　会计　毛岩

13.

浙江省增值税专用发票

No 46216998

发票联

开票日期：2013 年 12 月 10 日

购货单位	名　　称：浙江顺达股份有限公司 纳税人识别号：330501333233336 地 址 、电 话：东吴市开发区杭长桥南路 278 号 开户行及账号：工行开发区支行　1003010104001696568					密码区		
货物或应税劳务名称	规格型号	单位	数量	单价	金额	税率	税额	
润滑油		吨	0.5	6 000.00	3 000.00	17%	510.00	
其他辅料		吨	4.0	4 800.00	19 200.00	17%	3 264.00	
合　计					22 200.00	17%	3 774.00	
价税合计(大写)	贰万伍仟玖佰柒拾肆元整				(小写)	¥25 974.00		
销货单位	名　　称：浙江威尼斯有限公司 纳税人识别号：330702753036333 地 址 、电 话：浙江省金华市南明路 15 号 开户行及账号：工行南明路支行　3100792225678944468					备注		

收款人：刘海　　复核：张坤　　开票人：王晓敏　　销货单位：(章)

第三联：发票联　购货方作记账凭证

浙江省增值税专用发票

No 46216998

抵扣联

开票日期：2013 年 12 月 10 日

购货单位	名　　称：浙江顺达股份有限公司 纳税人识别号：330501333233336 地 址 、电 话：东吴市开发区杭长桥南路 278 号 开户行及账号：工行开发区支行　1003010104001696568					密码区		
货物或应税劳务名称	规格型号	单位	数量	单价	金额	税率	税额	
润滑油		吨	0.5	6 000.00	3 000.00	17%	510.00	
其他辅料		吨	4.0	4 800.00	19 200.00	17%	3 264.00	
合　计					22 200.00	17%	3 774.00	
价税合计(大写)	贰万伍仟玖佰柒拾肆元整				(小写)	¥25 974.00		
销货单位	名　　称：浙江威尼斯有限公司 纳税人识别号：330702753036333 地 址 、电 话：浙江省金华市南明路 15 号 开户行及账号：工行南明路支行　3100792225678944468					备注		

收款人：刘海　　复核：张坤　　开票人：王晓敏　　销货单位：(章)

第二联：抵扣联　购货方扣税凭证

3365201222

货物运输业增值税专用发票

No　*02125081*

开票日期：2013－12－10

承运人及纳税人识别号	浙江省路路通运输有限公司			密码区			
实际受票方及纳税人识别号	浙江顺达股份有限公司						
收货人及纳税人识别号	浙江顺达股份有限公司			发货人及纳税人识别号	浙江威尼斯有限公司		
起运地、经由、到达地	浙江省金华市　浙江省东吴市						
费用项目及金额	运费：1 720.00 元			运输货物信息	辅料、润滑油		
合计金额	￥1 720.00	税率	11%	税额	￥189.20	机器编号	241200061
价格合计（大写）	壹仟玖佰零玖元贰角整				（小写）￥1 909.20		
车种车号		车船吨位		备注	浙江省路路通运输有限公司 发票专用章		
主管税务机关及代码							

第三联：发票联　受票方记账凭证

收款人：孙平　　复核人：林洁　　开票人：马丽　　承运人：（章）

3365201222

货物运输业增值税专用发票

No　*02125081*

开票日期：2013－12－10

承运人及纳税人识别号	浙江省路路通运输有限公司			密码区			
实际受票方及纳税人识别号	浙江顺达股份有限公司						
收货人及纳税人识别号	浙江顺达股份有限公司			发货人及纳税人识别号	浙江威尼斯有限公司		
起运地、经由、到达地	浙江省金华市　浙江省东吴市						
费用项目及金额	运费：1 720.00 元 注：其他辅料运费　1 600.00 润滑油运费　120.00			运输货物信息	辅料、润滑油		
合计金额	￥1 720.00	税率	11%	税额	￥189.20	机器编号	241200061
价格合计（大写）	壹仟玖佰零玖元贰角整				（小写）￥1 909.20		
车种车号		车船吨位		备注	浙江省路路通运输有限公司 发票专用章		
主管税务机关及代码							

第二联：抵扣联　受票方抵扣凭证

收款人：孙平　　复核人：林洁　　开票人：马丽　　承运人：（章）

中国工商银行

电子银行交易回单(付款方)

2013 年 12 月 10 日

付款方户名:浙江顺达股份有限公司
付款方账号:1003010104001696568
付款方开户行:工行开发区支行
收款方户名:浙江威尼斯有限公司
收款方账号:330702753036333
收款方开户行:工行南明路支行
大写金额:贰万伍仟玖佰柒拾肆元整
小写金额:¥25 974.0
交易用途:购买辅料
受理渠道:网上银行　　　　　　业务流水号:30120015320015
集团交易标志:
集团交易说明:

工行开发区支行
2013.12
转讫

中国工商银行

转账支票存根

ⅥⅥ030621

科　　目　银行存款

对方科目　原材料

出票日期　*2013* 年 *12* 月 *10* 日

收款人:浙江省路路通有限公司
金　额:¥*1 909.20*
用　途:支付运费

沈利
顺印

单位主管　柏大　　　　会计　毛岩

入库单

No 22000130

2013 年 12 月 10 日

名 称	规格	单位	入库数量	单价	金额	备注
其他辅料		吨	4	5 200.00	20 800.00	
润滑油		吨	0.5	6 240.00	3 120.00	
合 计					23 920.00	

主管 毛茂才 仓库 肖拓 记账 蔡畅 经手人 旺达

14.

浙江省增值税专用发票

No 20100046

全国统一发票监制章 浙江省 国家税务局监制

记账联

开票日期：2013 年 12 月 11 日

购货单位	名　　　称：东吴市农机有限公司 纳税人识别号：300222000015608 地 址 、电 话：东吴市苕溪路 99 号 开户行及账号：工行苕溪路支行 6222501200004846635	密码区	

货物或应税劳务名称	规格型号	单位	数量	单价	金额	税率	税额
张紧轮甲型		只	2 000	60.00	120 000.00	17%	20 400.00
张紧轮乙型		只	1 000	70.00	70 000.00	17%	11 900.00
惰轮甲型		只	200	22.00	4 400.00	17%	748.00
惰轮乙型		只	200	38.00	7 600.00	17%	1 292.00
合 计					202 000.00	17%	34 340.00
价税合计(大写)	贰拾叁万陆仟叁佰肆拾元整				(小写) ￥236 340.00		

销货单位	名　　　称：浙江顺达股份有限公司 纳税人识别号：330501333233336 地 址 、电 话：东吴市开发区杭长桥南路 278 号 开户行及账号：工行开发区支行 1003010104001696568	备注	浙江顺达股份有限公司 发票专用章 330501333233336

第一联：记账联 销货方作记账凭证

收款人：李明 复核：苏红 开票人：赵建华 销货单位：(章)

中国工商银行进账单（回单或收款通知）　1

第 915 号

2013 年 12 月 11 日

收款人	全　称	浙江顺达股份有限公司	付款人	全　称	东吴市农机有限公司
	账　号	1003010104001696568		账　号	6222501200004846635
	开户银行	工行开发区分行		开户银行	工行菩溪路支行

人民币（大写）	千	百	十	万	千	百	十	元	角	分
贰拾叁万陆仟叁佰肆拾元整		¥	2	3	6	3	4	0	0	0

票据种类　银行转账支票	工行开发区支行 2013.12 转讫 收款人开户行盖章
票据张数　1 张	
单位主管　屠一鸣　　会计　施芯园 复核　毕胜男　　记账　张中华	

出库单

No 1300048

2013 年 12 月 11 日

名　称	规格	单位	出库数量	单价	金额	备注
张紧轮	甲型	只	2 000			
张紧轮	乙型	只	1 000			
惰轮	甲型	只	200			
惰轮	乙型	只	200			
合　计						

主管　毛茂才　　仓库　肖拓　　记账　蔡畅　　经手人　孙艳

15.

中华人民共和国

税收电子转账专用完税证　(032)　　浙国电　No 2500156

填发日期：2013 年 12 月 12 日

税务登记证代码	330501333233336	征收机关	东吴市国家税务局
纳税人全称	浙江顺达股份有限公司	收款银行	中国工商银行
税(费)种	级次	税款所属时期	实缴金额
增值税	中央 75%，县区 25%	2013 年 11 月 1 日至 2013 年 11 月 30 日	¥105 307.00
金额合计	(大写) 壹拾万伍仟叁佰零柒元整		¥105 307.00
	收款银行(盖章)	经手人(盖章)	备注

此联交纳税人作完税凭证

中华人民共和国

税收电子转账专用完税证　(013)　　浙地电　No 2500157

填发日期：2013 年 12 月 12 日

税务登记证代码	330501333233336	征收机关	东吴市地方税务局
纳税人全称	浙江顺达股份有限公司	收款银行	中国工商银行
税(费)种	级次	税款所属时期	实缴金额
城市维护建设税 教育费附加 水利建设基金		2013 年 11 月 1 日至 2013 年 11 月 30 日	¥7 371.49 ¥3 159.21 ¥3 332.00
金额合计	(大写) 壹万叁仟捌佰陆拾贰元柒角整		¥13 862.70
	收款银行(盖章)	经手人(盖章)	备注

此联交纳税人作完税凭证

16.

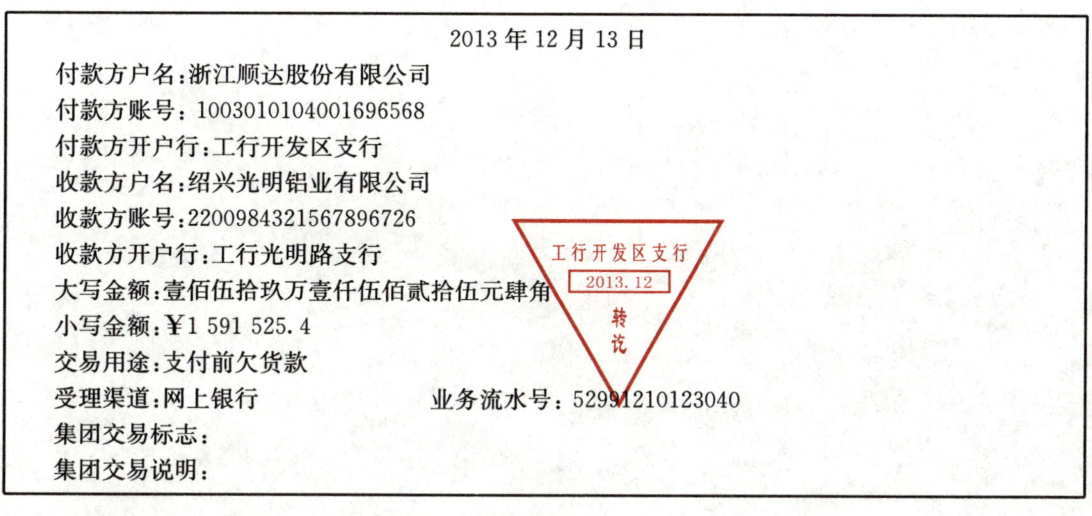

中国工商银行

电子银行交易回单(付款方)

2013 年 12 月 13 日

付款方户名:浙江顺达股份有限公司

付款方账号:1003010104001696568

付款方开户行:工行开发区支行

收款方户名:绍兴光明铝业有限公司

收款方账号:2200984321567896726

收款方开户行:工行光明路支行

大写金额:壹佰伍拾玖万壹仟伍佰贰拾伍元肆角

小写金额:￥1 591 525.4

交易用途:支付前欠货款

受理渠道:网上银行　　业务流水号:52991210123040

集团交易标志:

集团交易说明:

17.

借 款 单

资金性质＿＿＿＿＿＿　　2013 年 12 月 15 日

借款单位:厂部		
借款理由:出差		
贷款数额:人民币(大写)陆仟元整　　￥6 000.00		
本单位负责人意见:同意		
领导意见: 同意	会计主管人员核批: 同意	付款记录: 现金付讫

出纳:张蓉　　借款人:郭明

18.

上海证券中央登记结算公司

12/16/1312　　**成交过户交割凭单**　卖方

股东编号:A119558265	成交证券:上海石化
电脑编号:01558	成交数量:　－10 000
公司代号:　＊＊236	成交价格:　22.05
申请编号:	成交金额:　￥220 500.00
成交日期:12/18/13	标准佣金:　￥260.00
交割日期:12/18/13	过户费用:　￥5.50
上次余额:　10 000(股)	印 花 税:　￥220.50
本次成交:　10 000(股)	应收金额:　￥220 000.00
本次余额:　0(股)	附加费用:　￥14.00

经办单位＿（盖章）＿＿＿＿　　客户签单＿浙江顺达股份有限公司＿＿

19.

浙江省增值税专用发票　　No 60212572

发票联

开票日期:2013 年 12 月 17 日

购货单位	名　　称:浙江顺达股份有限公司 纳税人识别号:330501333233336 地 址 、电 话:东吴市开发区杭长桥南路 278 号 开户行及账号:工行开发区支行　1003010104001696568	密码区	

货物或应税劳务名称	规格型号	单位	数量	单价	金额	税率	税额
包装纸盒		只	50 000	0.50	25 000.00	17%	4 250.00
合　计					25 000.00	17%	4 250.00
价税合计(大写)	贰万玖仟贰佰伍拾元整				(小写)	￥29 250.00	

销货单位	名　　称:浙江群立包装材料有限公司 纳税人识别号:330502111123355 地 址 、电 话:东吴市爱民路 377 号 开户行及账号:工行爱民路支行　2544789512000236624	备注	

收款人:李好　　复核:安安　　开票人:张微　　销货单位:(章)

第三联:发票联　购货方作记账凭证

浙江省增值税专用发票

抵扣联

No　60212572

开票日期：2013 年 12 月 17 日

购货单位	名　　称：浙江顺达股份有限公司 纳税人识别号：330501333233336 地 址 、电 话：东吴市开发区杭长桥南路 278 号 开户行及账号：工行开发区支行 1003010104001696568			密码区			
货物或应税劳务名称	规格型号	单位	数量	单价	金额	税率	税额
包装纸盒		只	50 000	0.50	25 000.00	17%	4 250.00
合　计					25 000.00	17%	4 250.00
价税合计（大写）	贰万玖仟贰佰伍拾元整				（小写）	￥29 250.00	
销货单位	名　　称：浙江群立包装材料有限公司 纳税人识别号：330502111123355 地 址 、电 话：东吴市爱民路 377 号 开户行及账号：工行爱民路支行　2544789512000236624			备注			

第二联：抵扣联　购货方扣税凭证

收款人：李好　　复核：安安　　开票人：张微　　销货单位：（章）

中国工商银行

转账支票存根

ⅥⅥ030622

科　　目　银行存款

对方科目　原材料

出票日期　2013 年 12 月 17 日

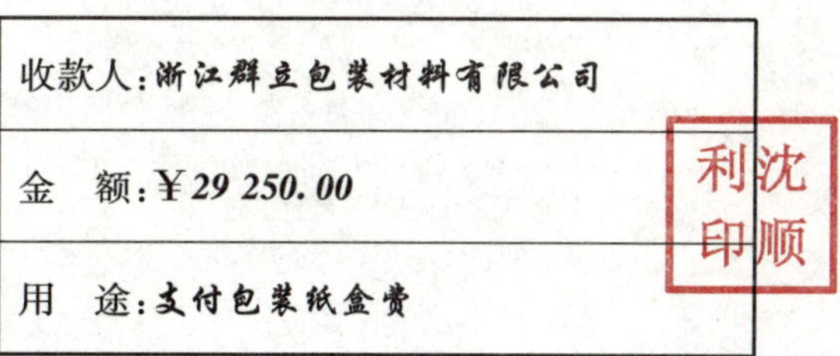

收款人：浙江群立包装材料有限公司

金　额：￥29 250.00

用　途：支付包装纸盒费

单位主管　柏大　　　会计　毛岩

入库单

No 22000131

2013 年 12 月 17 日

名　称	规格	单位	入库数量	单价	金额	备注
包装纸盒		只	50 000	0.50	25 000.00	
合　计					25 000.00	

主管　毛茂才　　仓库　肖拓　　记账　蔡畅　　经手人　旺达

20.

中国电信

浙江省地方税务局通用机打发票

发票联

发票代码：23302024556

发票号码：032081452

开票日期：2013 年 12 月 20 日　　行业分类：邮电通信业

纳税人识别号：330501333233336

电话号码：************　　税控防伪码：

付款户名：浙江顺达股份有限公司

项目及摘要	单位	数量	单价	金额
通信费	元			8 400.00

付款方式：转账

合计人民币大写：捌仟肆佰元整　　¥ 8 400.00

收款单位盖章　手写无效

第二联：发票联　购货单位付款凭证（手开无效）

开票人：王菲　　收款人：张元

ICBC　中国工商银行

同城委托收款凭证(一户通)

记账日期:20131220　　检索号:23130130256649

付款人户名:浙江顺达股份有限公司　　付款人账号:1003010104001696568

收款人户名:东吴市电信分公司　　收款人账号:33080275301222222

金额人民币(大写)捌仟肆佰圆整　　¥8 400.00

业务编号:20130122052　　用户编号:3300234567888222678

款项内容:2013 年度电话费

工行开发区支行 2013.12 转讫

金融自助卡号:8011060000000231212　　打印时间:20131220

银行验证码:876233328281212　　打印方式:自助打印　已打印

地区号:1205　网点号:1256　　柜员号:1088　授权柜员号:1829

21.

浙江省增值税专用发票

记账联　　No 20100046

开票日期:2013 年 12 月 21 日

购货单位	名　称:诸暨佳润汽配有限公司 纳税人识别号:330681788818775 地址、电话:诸暨浣纱路 889 号 开户行及账号:工行浣纱路支行　1008818775330688552	密码区	

货物或应税劳务名称	规格型号	单位	数量	单价	金额	税率	税额
甲型张紧轮		只	8 000	60.00	480 000.00	17%	81 600.00
乙型张紧轮		只	8 000	70.00	560 000.00	17%	95 200.00
合　计					1 040 000.00	17%	176 800.00
价税合计(大写)	壹佰贰拾壹万陆仟捌佰圆整				(小写)		¥1 216 800.00

销货单位	名　称:浙江顺达股份有限公司 纳税人识别号:330501333233336 地址、电话:东吴市开发区杭长桥南路 278 号 开户行及账号:工行开发区支行　1003010104001696568	备注	浙江顺达股份有限公司 发票专用章 330501333233336

第一联:记账联　销货方作记账凭证

收款人:李明　　复核:苏红　　开票人:赵建华　　销货单位:(章)

托收凭证（受理回单）

委托日期　2013 年 12 月 21 日

<table>
<tr><td colspan="12">委托收款（□邮划、☑电划）　托收承付（□邮划、□电划）</td></tr>
<tr><td rowspan="3">付款人</td><td>开户银行</td><td colspan="3">工行浣纱路支行</td><td rowspan="3">收款人</td><td>全　称</td><td colspan="3">工行开发区支行</td></tr>
<tr><td>账　号</td><td colspan="3">1008818775330688552</td><td>账　号</td><td colspan="3">1003010104001696568</td></tr>
<tr><td>地　址</td><td>浙江省　诸暨　市/县</td><td>开户行</td><td>工行</td><td>地　址</td><td>浙江省　东吴　市/县</td><td>开户行</td><td>工行</td></tr>
<tr><td>金额</td><td>人民币（大写）</td><td colspan="4">壹佰贰拾壹万陆仟捌佰圆整</td><td colspan="4">亿 千 百 十 万 千 百 十 元 角 分
¥ 1 2 1 6 8 0 0 0 0</td></tr>
<tr><td>款项内容</td><td></td><td>托收凭据名称</td><td></td><td>附寄单证张数</td><td></td></tr>
<tr><td>商品发运情况</td><td></td><td>合同名称号码</td><td></td></tr>
<tr><td>备注：
复核　　记账</td><td colspan="4">款项收妥日期
年　月　日</td><td colspan="5">收款人开户银行签章
（工行开发区支行 2013.12 转讫）
年　月　日</td></tr>
</table>

出库单

No 1300049

2013 年 12 月 21 日

名　称	规格	单位	出库数量	单价	金额	备注
张紧轮	甲型	只	8 000			
张紧轮	乙型	只	8 000			
合　计						

主管　毛茂才　　仓库　肖拓　　记账　蔡畅　　经手人　孙艳

22.

2336321002

货物运输业增值税专用发票

No 69020012

全国统一发票监制章 浙江省 国家税务局监制

开票日期：2013－12－21

承运人及纳税人识别号	浙江途安运输有限公司			密码区			
实际受票方及纳税人识别号	浙江顺达股份有限公司						
收货人及纳税人识别号	诸暨佳润汽配有限公司			发货人及纳税人识别号	浙江顺达股份有限公司		
起运地、经由、到达地	浙江省东吴市　浙江省诸暨市						
费用项目及金额	运费：1 000.00 元			运输货物信息	张紧轮总成甲型　8 000 只 张紧轮总成乙型　8 000 只		
合计金额	￥1 000.00	税率	11%	税额	￥110.00	机器编号	658974232
价格合计(大写)	壹仟壹佰壹拾元整				(小写)　￥1 110.00		
车种车号		车船吨位		备注	浙江途安运输有限公司 发票专用章		
主管税务机关及代码							

第三联：发票联　受票方记账凭证

收款人：李英　　复核人：张华　　开票人：蔡平　　承运人：(章)

2336321002

货物运输业增值税专用发票

No 69020012

全国统一发票监制章 浙江省 国家税务局监制

此联不作报销、扣税凭证使用　　开票日期：2013－12－21

承运人及纳税人识别号	浙江途安运输有限公司			密码区			
实际受票方及纳税人识别号	浙江顺达股份有限公司						
收货人及纳税人识别号	诸暨佳润汽配有限公司			发货人及纳税人识别号	浙江顺达股份有限公司		
起运地、经由、到达地	浙江省东吴市　浙江省诸暨市						
费用项目及金额	运费：1 000.00 元			运输货物信息	张紧轮总成甲型　8 000 只 张紧轮总成乙型　8 000 只		
合计金额	￥1 000.00	税率	11%	税额	￥110.00	机器编号	658974232
价格合计(大写)	壹仟壹佰壹拾元整				(小写)　￥1 110.00		
车种车号		车船吨位		备注	浙江省路路通运输有限公司 发票专用章		
主管税务机关及代码							

第二联：抵扣联　受票方抵扣凭证

收款人：李英　　复核人：张华　　开票人：蔡平　　承运人：(章)

中国工商银行

现金支票存根

ⅥⅥ030245

科　　目 银行存款

对方科目 销售费用

出票日期 2013 年 12 月 21 日

收款人:浙江顺达股份有限公司
金　额:￥1 110.00
用　途:支付运费

利沈印顺

单位主管 柏大　　会计 毛岩

23.

差旅费报销单

单位:厂部　　2013 年 12 月 22 日填

姓　名			郭明		部　门	厂部		出差事由	广州跑业务		备注
出差天数			自 12 月 16 日起至 12 月 22 日止共 7 天								
2013 年			起止	起讫地点（由何处到何地）	伙食补助费			车船旅馆费		金额合计	
月	日	时			天数	定额	金额	单据张数	金额		
12	16		起	东吴—广州	7	50.00	350.00	6	4 850.00	5 200.00	
12	22		止	广州—东吴							
			起								
			止								
			起								
			止								
			合　计							5 200.00	
实报金额（大写）			伍仟贰佰元整				备注:收回现金 800 元(捌佰元整)。				

主管人 李高潮　　会计 毛岩　　领报人 郭明

24.

中国工商银行进账单（收款通知）　3

2013 年 12 月 23 日

出票人	名　称	区财政局	付款人	全　称	浙江顺达股份有限公司
	账　号	200586239655491232		账　号	1003010104001696568
	开户银行	工行开发区分行开户银行		开户银行	工行开发区分行

金额	人民币（大写）	千	百	十	万	千	百	十	元	角	分
	捌万元整			¥	8	0	0	0	0	0	0

票据种类		票据张数		工行开发区支行 2013.12 转讫
票据号码				
				开户行盖章

此联是银行交给收款人的收账通知

复核　吴晓　　　　　记账　张中华

附：经本企业申请，东吴市财政局同意（见东财字〔2013〕80 号文件），企业收到东吴市财政局财政贴息 80 000 元。

25.

浙江省增值税普通发票

No　46216998

抵扣联

开票日期：2013 年 12 月 26 日

购货单位	名　　称：浙江顺达股份有限公司 纳税人识别号：330501333233336 地 址 、电 话：东吴市开发区杭长桥南路 278 号 开户行及账号：工行开发区支行　1003010104001696568				密码区		
货物或应税劳务名称	规格型号	单位	数量	单价	金额	税率	税额
技术服务					452.83	6%	27.17
合　计					452.83	6%	27.17
价税合计（大写）	肆佰捌拾元整				（小写）　¥480.00		
销货单位	名　　称：航天金税湖州公司 纳税人识别号：330501753036333 地 址 、电 话：浙江省湖州市南明路 15 号 开户行及账号：工行人民路支行　3100592225678944468				备注	金税业务技术服务	

第二联：抵扣联　购货方扣税凭证

收款人：　刘海　　　复核：　张坤　　　开票人：　王晓敏　　　销货单位：（章）

浙江省增值税普通发票

发票联

No 46216998

开票日期：2013 年 12 月 26 日

<table>
<tr><td rowspan="4">购货单位</td><td colspan="5">名　　称：浙江顺达股份有限公司</td><td rowspan="4">密码区</td><td colspan="3" rowspan="4"></td></tr>
<tr><td colspan="5">纳税人识别号：330501333233336</td></tr>
<tr><td colspan="5">地 址 、电 话：东吴市开发区杭长桥南路 278 号</td></tr>
<tr><td colspan="5">开户行及账号：工行开发区支行　1003010104001696568</td></tr>
<tr><td colspan="2">货物或应税劳务名称</td><td>规格型号</td><td>单位</td><td>数量</td><td>单价</td><td>金额</td><td>税率</td><td>税额</td></tr>
<tr><td colspan="2">技术服务</td><td></td><td></td><td></td><td></td><td>452.83</td><td>6%</td><td>27.17</td></tr>
<tr><td colspan="2">合　计</td><td></td><td></td><td></td><td></td><td>452.83</td><td>6%</td><td>27.17</td></tr>
<tr><td colspan="2">价税合计(大写)</td><td colspan="5">肆佰捌拾元整</td><td colspan="2">(小写)　￥480.00</td></tr>
<tr><td rowspan="4">销货单位</td><td colspan="5">名　　称：航天金税湖州公司</td><td rowspan="4">备注</td><td colspan="3" rowspan="4">金税业务技术服务</td></tr>
<tr><td colspan="5">纳税人识别号：330501753036333</td></tr>
<tr><td colspan="5">地 址 、电 话：浙江省湖州市南明路 15 号</td></tr>
<tr><td colspan="5">开户行及账号：工行人民路支行　3100592225678944468</td></tr>
</table>

第三联：发票联　购货方作记账凭证

收款人：刘海　　复核：张坤　　开票人：王晓敏　　销货单位：(章)

(印章：航天金税湖州公司 发票专用章)

中国工商银行

电子银行交易回单(付款方)

2013 年 12 月 26 日

付款方户名：浙江顺达股份有限公司
付款方账号：1003010104001696568
付款方开户行：工行开发区支行
收款方户名：航天金税湖州公司
收款方账号：3100592225678944468
收款方开户行：工行人民路支行
大写金额：肆佰捌拾元整
小写金额：￥480.00
交易用途：金税业务技术服务
受理渠道：网上银行　　业务流水号：30120153201221
集团交易标志：
集团交易说明：

(印章：工行开发区支行 2013.12 转讫)

26.

浙江省地方税务局通用机打发票

发票联

发票代码：
发票号码：12001149

开票日期：2013 年 12 月 29 日　　　　行业分类：餐饮业

纳税人识别号：330501333233336　　机打号码：

机器编号：　　税控防伪码：

付款户号：浙江顺达股份有限公司　　付款方式：转账支票

项目及摘要	单位	数量	单价	金额
餐费	元			8 600.00

合计人民币(大写)：捌仟陆佰元整　　¥ 8 600.00

开票人：杨菲菲　　收款人：张元　　收款单位盖章（东吴市丽元大酒店 发票专用章）手写无效

第二联：发票联　购货单位付款凭证（手开无效）

中国工商银行

转账支票存根

ⅥⅥ030623

科　　目　银行存款

对方科目　管理费用

出票日期　2013 年 12 月 29 日

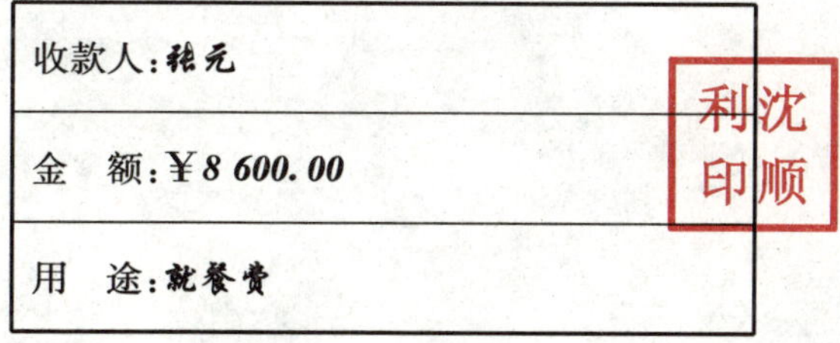

收款人：张元
金　额：¥ 8 600.00
用　途：就餐费

（印章：沈利顺印）

单位主管　柏大　　　　会计　毛岩

27.

领　料　单

字第　　号

用料部门：第一车间　　（三联式）　　2013 年 12 月 31 日

材　料			单位	数　量		成　本		备注
编号	名称	规格		请领	实发	单价	总价	
	铝锭		千克	58 000	58 000	15.16	879 280.00	产品用
	润滑油		千克	95	95	6.23	591.85	一般用
	合计						879 871.85	

主管：叶问　会计：毛岩　记账：蔡畅　保管：王海　发料：张章　领料：海洋

28.

领　料　单

字第　　号

用料部门：第二车间　　（三联式）　　2013 年 12 月

材　料			单位	数　量		成　本		备注
编号	名称	规格		请领	实发	单价	总价	
	铜件		吨	118	118	5 552.54	655 199.72	产品用
	润滑油		千克	90	90	6.23	560.70	一般用
	合计						655 760.42	

主管：叶问　会计：毛岩　记账：蔡畅　保管：王海　发料：张章　领料：海洋

29.

领　料　单

字第　　号

用料部门：装配车间　　　　（三联式）　　　　2013 年 12 月

材料		单位	数量		成本		备注
编号	名称		请领	实发	单价	总价	
	弹簧	只	17 000	17 000	5.82	98 940.00	张紧轮——甲用
	弹簧	只	36 000	36 000	5.82	209 520.00	张紧轮——乙用
	轴承	只	17 000	17 000	7.51	127 670.00	张紧轮——甲用
	轴承	只	36 000	36 000	7.51	270 360.00	张紧轮——乙用
	轴承	只	18 000	18 000	7.51	135 180.00	惰轮——甲用
	轴承	只	34 000	34 000	7.51	255 340.00	惰轮——乙用
	中心轴套	只	17 000	17 000	1.31	22 270.00	张紧轮——甲用
	中心轴套	只	18 000	18 000	1.31	23 580.00	张紧轮——乙用
	润滑油	千克	280	280	6.23	1 744.40	一般用
	其他辅料	吨	5.4	5.4	5 188.96	28 020.38	一般用
	合　计					1 172 624.78	

主管：　　会计：　　记账：　　保管：　　发料：　　领料：

30.

固定资产折旧计提表

2013 年 12 月 31 日　　　　单位：元

固定资产类别 / 产品、部门	房屋建筑物折旧	生产设备折旧	办公家具器具折旧	汽车	合计
第一车间					
第二车间					
装配车间					
企业管理部门					
合　计					

财会主管：华力　　　　复核：陈徐　　　　制表：陈萍

31.

长期待摊费用计算表

2013 年 12 月 31 日　　单位:元

类　别	数　额	摊销期限	累计摊销	本月摊销
(厂部)固定资产大修理费	872 118.00	5 年	1 179 912.21	14 535.30

财会主管:华力　　复核:陈徐　　制表:陈萍

32.

浙江顺达股份有限公司 12 月份工资单

2013 年 12 月 31 日　　单位:元

部门	编号	姓名	基本工资	加班工资	养老保险	医疗保险	失业保险	个税	实发工资	签名
第一车间	1	唐老虎	2 000.00		122.00	38.00	15.00		1 825.00	
	2	沈三毛	2 200.00		122.00	38.00	15.00		2 025.00	
	3	王自强	2 400.00		122.00	38.00	15.00		2 225.00	
	——									
合计	20		41 600.00		2 440.00	760.00	300.00		38 100.00	
第二车间	21	李小军	2 200.00		122.00	38.00	15.00		2 025.00	
	22	孙广东	2 300.00		122.00	38.00	15.00		2 125.00	
	23	张　胜	2 500.00		122.00	38.00	15.00		2 325.00	
	——									
合计	20		41 600.00		2 440.00	760.00	300.00		38 100.00	
装配车间	41	周权一	1 800.00		122.00	38.00	15.00		1 625.00	
	42	李连映	2 000.00		122.00	38.00	15.00		1 825.00	
	43	吴有果	2 200.00		122.00	38.00	15.00		2 025.00	
	——									
合计	30		59 700.00		3 660.00	1 140.00	450.00		54 450.00	
销售部门	71	钱大发	2 500.00		122.00	38.00	15.00		2 325.00	
	72	金卜唤	2 400.00		122.00	38.00	15.00		2 225.00	
	——									
合计	4		10 000.00		488.00	152.00	60.00		9 300.00	
行政管理部门	75	陆有财	3 500.00		122.00	38.00	15.00		3 325.00	
	76	费　翔	3 200.00		122.00	38.00	15.00		3 325.00	
	——									
合计	6		19 800.00		732.00	228.00	90.00		18 750.00	
总计	80		172 700.00		9 760.00	3 040.00	1 200.00		158 700.00	

财会主管:华力　　复核:陈徐　　制表:陈萍

ICBC 中国工商银行

网上银行转账凭证(付款通知)

记账日期:2013 年 12 月 31 日 检索号:288000001258

付款人户名:浙江顺达股份有限公司

付款人账号:1003010104001696568

收款人户名:浙江顺达股份有限公司 12 月份工资单

收款人账号:见工资单

金额人民币(大写)人民币壹拾伍万捌仟柒佰元整

金额人民币(小写) ￥158 700.00

付款开户行:工行开发区支行

开户行:工行开发区支行

业务参考号:35500085 摘要:工资

附言:

工行开发区支行 2013.12 转讫

经办:王华 第一次打印 2013/012/31

33.

人工费用分配表

2013 年 12 月 31 日 单位:元

<table>
<tr><th colspan="4">产品、部门</th><th>工资、奖金津贴</th></tr>
<tr><td rowspan="10">生产车间</td><td rowspan="2">第一</td><td colspan="2">生产工人</td><td>36 000.00</td></tr>
<tr><td colspan="2">管理人员</td><td>5 600.00</td></tr>
<tr><td rowspan="2">第二</td><td colspan="2">生产工人</td><td>36 000.00</td></tr>
<tr><td colspan="2">管理人员</td><td>5 600.00</td></tr>
<tr><td rowspan="6">装配</td><td rowspan="5">生产工人</td><td>张紧轮——甲</td><td>15 200.00</td></tr>
<tr><td>张紧轮——乙</td><td>19 000.00</td></tr>
<tr><td>惰轮——甲</td><td>7 600.00</td></tr>
<tr><td>惰轮——乙</td><td>9 500.00</td></tr>
<tr><td>小 计</td><td>51 300.00</td></tr>
<tr><td colspan="2">管理人员</td><td>8 400.00</td></tr>
<tr><td colspan="4">销售人员</td><td>10 000.00</td></tr>
<tr><td colspan="4">行政管理人员</td><td>19 800.00</td></tr>
<tr><td colspan="4">合 计</td><td>172 700.00</td></tr>
</table>

财会主管:华力 复核:陈徐 制表:陈萍

34.

社会保险费、工会经费、职工教育经费计提表

2013 年 12 月 31 日　　　　　　　　　　　　　　单位：元

产品、部门				养老保险（14%）	医疗保险（12%）	失业保险（2%）	住房公积金（7%）	工会经费（2%）	职工教育经费（2.5%）	合　计
生产车间	第一		生产工人	5 040.00	4 320.00	720.00	2 520.00	720.00	900.00	14 220.00
			管理人员	784.00	672.00	112.00	392.00	112.00	140.00	2 212.00
	第二		生产工人	5 040.00	4 320.00	720.00	2 520.00	720.00	900.00	14 220.00
			管理人员	784.00	672.00	112.00	392.00	112.00	140.00	2 212.00
	装配	生产工人	张紧轮——甲	2 128.00	1 824.00	304.00	1 064.00	304.00	380.00	6 004.00
			张紧轮——乙	2 660.00	2 280.00	380.00	1 330.00	380.00	475.00	7 505.00
			惰轮——甲	1 064.00	912.00	152.00	532.00	152.00	190.00	3 002.00
			惰轮——乙	1 330.00	1 140.00	190.00	665.00	190.00	237.50	3 752.50
			小计	7 182.00	6 156.00	1 026.00	3 591.00	1 026.00	1 282.50	20 263.50
			管理人员	1 176.00	1 008.00	168.00	588.00	168.00	210.00	3 318.00
销售人员				1 400.00	1 200.00	200.00	700.00	200.00	250.00	3 950.00
行政管理人员				2 772.00	2 376.00	396.00	1 386.00	396.00	495.00	7 821.00
合　计				24 178.00	20 724.00	3 454.00	12 089.00	3 454.00	4 317.50	68 216.50

财会主管：华力　　　　　　　　复核：陈徐　　　　　　　　制表：陈萍

35.

浙江省增值税普通发票

No　86020014

发票联

开票日期：2013 年 12 月 31 日

购货单位	名　　称：浙江顺达股份有限公司 纳税人识别号：330501333233336 地址、电话：东吴市开发区杭长桥南路 278 号 开户行及账号：工行开发区支行　1003010104001696568					密码区		
货物或应税劳务名称	规格型号	单位	数量	单价	金额	税率	税额	
食用油		桶	100		7 079.65	13%	920.35	
合　计					7 079.65	13%	920.35	
价税合计（大写）	捌仟元整				（小写）	￥8 000.00		
销货单位	名　　称：浙江大百商場 纳税人识别号：330501121325553 5 地址、电话：浙江省东吴市人民南路 152 号 开户行及账号：工行东吴市支行　1213586239655494233					备注		

第三联：发票联　购货方作记账凭证

收款人：李炎　　　　复核：胡安　　　　开票人：安微　　　　销货单位：（章）

浙江大百商場　发票专用章

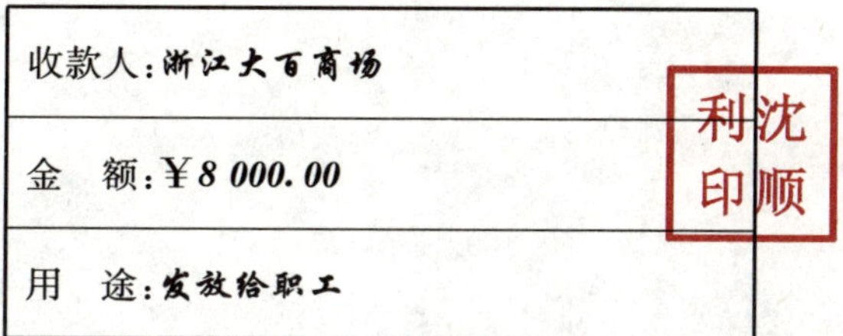

中国工商银行

转账支票存根

ⅥⅥ030624

科　　目　银行存款

对方科目　应付职工薪酬

出票日期　2013年12月31日

收款人：浙江大百商场

金　额：¥8 000.00

用　途：发放给职工

利沈印顺

单位主管　柏大　　　会计　毛岩

浙江顺达股份有限公司食用油发放单

2013年12月31日

部　门	人数	金额(元)	备　注
第一车间	…	…	…
	20	2 000.00	已发
第二车间	…	…	…
	20	2 000.00	已发
装配车间	…	…	…
	30	3 000.00	已发
销售部门	…	…	…
	4	400.00	已发
行政管理部门	…	…	…
	6	600.00	已发
合　计	80	8 000.00	大写：捌仟元整

财会主管：华力　　　复核：陈徐　　　制表：陈萍

36.

人工费用(食用油)分配表

2013 年 12 月 31 日　　　　单位:元

产品、部门				人工费
生产车间	第一	生产工人		1 800.00
		管理人员		200.00
	第二	生产工人		1 800.00
		管理人员		200.00
	装配	生产工人	张紧轮——甲	800.00
			张紧轮——乙	1 000.00
			惰轮——甲	400.00
			惰轮——乙	500.00
			小　计	2 700.00
		管理人员		300.00
销售人员				400.00
行政管理人员				600.00
合　计				8 000.00

财会主管:华力　　　　复核:陈徐　　　　制表:陈萍

37.

ICBC　中国工商银行

同城委托收款凭证(一户通)

记账日期:20131231　　　　检索号:20130130256666

付款人户名:浙江顺达股份有限公司　　　　付款人账号:1003010104001696568

收款人户名:东吴市地税　　　　收款人账号:国家金库东吴市支行

金额人民币(大写)　陆万贰仟叁佰伍拾陆元整　　¥62 356.00

业务编号:20130389　　　　用户编号:3300234567888222222

款项内容:

1. 养老保险金 24 178 元+9 760 元

2. 医疗保险金 20 724 元+3 040 元

3. 失业保险金　3 454 元+1 200 元

工行开发区支行
2013.12
转讫

金融自助卡号:　8011060000000231212　　　　打印时间:

银行验证码:876233328281212　　　　打印方式:自助打印已打印

地区号:　1205　　网点号:1256　　柜员号:1088　　授权柜员号:1829

东吴市住房公积金月度结算凭证

入账月份:12 月份

一、单位汇缴基本情况			
单位名称	浙江顺达股份有限公司	单位账号	1003010104001696568
银行账号	1003010104001696568	开户银行	工行
上月汇缴人数		本月汇缴人数	80
上月汇缴金额		本月汇缴金额	12 089.00

二、人员、汇缴变更情况					
增加类	人数(人)	金额(元)	减少类	人数(人)	金额(元)
上月汇缴人数、金额					
个人账户新增			个人账户注销		
个人账户启封			个人账户封存		
个人账户转入			个人账户转出		
个人免缴解除			个人账户免缴		
调高缴存基数			调低缴存基数		
本月追补缴存额					
增加类小计			减少类小计		
本月汇缴人数、金额					

三、单位账户金额变更情况			
增加类	金额(元)	减少类	金额(元)
上月初单位账户余额			
正常缴存住房公积金		离退休提取	
新人住房公积金补贴		购建房提取	
追补以前月份缴存额		还贷提取	
一次性住房补贴		户籍转外地提取	
个人账户转入		租赁住房提取	
补缴住房公积金		丧失劳动力提取	
个人账户结算		其他提取	
其他		个人账户转出	
		销户提取结息	
增加类小计		减少类小计	
		上月末单位账户余额	

东吴市公积金中心
财务专用章

打印时间:2013 年 12 月 31 日

ICBC　中国工商银行

小额支付系统专用凭证(付款通知)

记账日期:20131231　　检索号:2013123199666
付款人户名:浙江顺达股份有限公司　　付款人账号:1003010104001696568
收款人户名:住房公积金管理中心　　收款人账号:3300255556894562106
金额人民币(大写)　壹万贰仟零捌拾玖元整　　¥12 089.00

收报日期:　　摘要:
支付交易序号:　　业务种类:
发报行行号:　　发报行行号:
收报行行号:　　收报行行号
协议书号:　338022222000001212　　附言:

工行开发区支行
2013.12
转讫

金融自助卡号:　　打印时间:
银行验证码:　　打印方式:自助打印已打印
地区号:1205　　网点号:2600　　柜员号:1088　　授权柜员号:

工会经费收入专用收据(回 单)

缴款日期 **2013** 年 **12** 月 **31** 日

缴款单位	全称	浙江顺达股份有限公司	职工人数	80
	账号	1003010104001696568	上月工资总额	
	开户银行	工行开发区支行	拨交工会经费月份	2013 年 12 月

应缴工会经费金额	人民币(大写)叁仟肆佰伍拾肆元整	万	千	百	十	元	角	分
			3	4	5	4	0	0

请按下列比例办理

收入工行开发区支行银行,
工会经费户。

比例	账号	万	千	百	十	元	角	分	比例	账号	万	千	百	十	元	角	分
40%	5600023123								60%	5600056234							

备注:

工行开发区支行
2013.12
转讫
(付款单位开户行盖章)

此联由付款单位开户行盖章后交付款单位

38.

浙江省增值税专用发票

发票联

No 69147852

开票日期：2013 年 12 月 31 日

购货单位	名　　称：浙江顺达股份有限公司 纳税人识别号：330501333233336 地 址 、电 话：东吴市开发区杭长桥南路 278 号 开户行及账号：工行开发区支行　1003010104001696568					密码区	
货物或应税劳务名称	规格型号	单位	数量	单价	金额	税率	税额
12 月份水费		吨	2 422.86	1.981132	4 800.00	13%	624.00
合　计			2 422.86	1.981132	4 800.00	13%	624.00
价税合计(大写)	伍仟肆佰贰拾肆元整			(小写)	￥5 424.00		
销货单位	名　　称：东吴市水务有限公司 纳税人识别号：330222233331189 地 址 、电 话：东吴市南大街 1228 号 开户行及账号：工行东吴市支行　1200365689745689335					备注	东吴市水务公司 发票专用章

第三联：发票联　购货方作记账凭证

收款人：章发才　　复核：李得　　开票人：应德　　销货单位：(章)

浙江省增值税专用发票

抵扣联

No 69147852

开票日期：2013 年 12 月 31 日

购货单位	名　　称：浙江顺达股份有限公司 纳税人识别号：330501333233336 地 址 、电 话：东吴市开发区杭长桥南路 278 号 开户行及账号：工行开发区支行　1003010104001696568					密码区	
货物或应税劳务名称	规格型号	单位	数量	单价	金额	税率	税额
12 月份水费		吨	2 422.86	1.981132	4 800.00	13%	624.00
合　计			2 422.86	1.981132	4 800.00	13%	624.00
价税合计(大写)	伍仟肆佰贰拾肆元整			(小写)	￥5 424.00		
销货单位	名　　称：东吴市水务有限公司 纳税人识别号：330222233331189 地 址 、电 话：东吴市南大街 1228 号 开户行及账号：工行东吴市支行　1200365689745689335					备注	东吴市水务公司 发票专用章

第二联：抵扣联　购货方扣税凭证

收款人：章发才　　复核：李得　　开票人：应德　　销货单位：(章)

ICBC　中国工商银行

同城委托收款凭证(一户通)

记账日期:20131231　　检索号:2013123185251125118
付款人户名:浙江顺达股份有限公司　　付款人账号:1003010104001696568
收款人户名:东吴市水务有限公司　　收款人账号:1200365689745689335
金额人民币(大写)　伍仟肆佰贰拾肆元整　　￥5 424.00

业务编号:35566666　　用户编号:3300234567888333333
款项内容:支付十二月份水费

工行开发区支行
2013.12
转讫

金融自助卡号:　6011060000000235678　　打印时间:20131231
银行验证码:　546236333214522　　打印方式:自助打印已打印
地区号:　1205　　网点号:2600　　柜员号:1420　　授权柜员号:

39.

水费分配表

2013年12月31日

部门及用途	水费(元)
第一车间耗用	1 200.00
第二车间耗用	1 200.00
装配车间耗用	1 920.00
厂部耗用	480.00
合　计	4 800.00

财会主管:华力　　复核:陈徐　　制表:陈萍

40.

浙江省增值税专用发票

发票联

No 91122893

开票日期：2013 年 12 月 31 日

购货单位		密码区	
	名　　称：浙江顺达股份有限公司 纳税人识别号：330232356567877 地 址 、电 话：东吴市开发区杭长桥南路 278 号 开户行及账号：工行开发区支行　1003010104001696568		

货物或应税劳务名称	规格型号	单位	数量	单价	金额	税率	税额
12 月份电费		千瓦时	39 245.00	0.84600	33 200.00	17%	5 644.00
合　计					¥33 200.00	17%	¥5 644.00
价税合计（大写）	叁万捌仟捌佰肆拾肆元整				（小写）	¥38 844.00	

销货单位		备注	
	名　　称：东吴市供电公司 纳税人识别号：330111123236666 地 址 、电 话：东吴市安吉路 97 号 开户行及账号：工行安吉路支行　3300255556894562101		分次结算，当月正常结算

收款人：吴天　　复核：王丹　　开票人：李风　　销货单位：（章）

第三联：发票联 购货方作记账凭证

浙江省增值税专用发票

抵扣联

No 91122893

开票日期：2013 年 12 月 31 日

购货单位		密码区	
	名　　称：浙江顺达股份有限公司 纳税人识别号：330232356567877 地 址 、电 话：东吴市开发区杭长桥南路 278 号 开户行及账号：工行开发区支行　1003010104001696568		

货物或应税劳务名称	规格型号	单位	数量	单价	金额	税率	税额
12 月份电费		千瓦时	39 245.00	0.84600	33 200.00	17%	5 644.00
合　计					¥33 200.00	17%	¥5 644.00
价税合计（大写）	叁万捌仟捌佰肆拾肆元整				（小写）	¥38 844.00	

销货单位		备注	
	名　　称：东吴市供电公司 纳税人识别号：330111123236666 地 址 、电 话：东吴市安吉路 97 号 开户行及账号：工行安吉路支行　3300255556894562101		分次结算，当月正常结算

收款人：吴天　　复核：王丹　　开票人：李风　　销货单位：（章）

第二联：抵扣联 购货方扣税凭证

ICBC　中国工商银行

同城委托收款凭证(一户通)

记账日期:20131231　　　　　　　　检索号:20131231259651
付款人户名:浙江顺达股份有限公司　　付款人账号:1003010104001696568
收款人户名:东吴市供电公司　　　　　收款人账号:3300255556894562101
金额人民币(大写)　叁万捌仟捌佰肆拾肆元整　　¥38 844.00

业务编号:20131340023456　　　　　　用户编号:3300234567888222222
款项内容:支付十二月份电费

工行开发区支行
2013.12
转讫

金融自助卡号:　9601068900000235671　　打印时间:20131231
银行验证码:　546239955201335　　　　打印方式:自助打印已打印
地区号:　1205　　网点号:2600　　　　柜员号:1088　　授权柜员号:

41.

电费分配计算表

2013 年 12 月 31 日

部门及用途	电费(元)
第一车间耗用	8 100.00
第二车间耗用	8 100.00
装配车间耗用	12 800.00
厂部耗用	4 200.00
合　计	33 200.00

财会主管:华力　　　　　　复核:陈徐　　　　　　制表:陈萍

42.

无形资产摊销表

2013 年 12 月 31 日

无形资产类别	数额	摊销期限	累计摊销	本月摊销
土地使用权	18 000 000.00	50 年	600 000.00	30 000.00

财会主管：华力　　　　复核：陈徐　　　　制表：陈萍

43.

股权投资合同

甲方：万达股份有限公司

乙方：浙江顺达股份有限公司

2013 年 12 月 31 日，甲方接受乙方出资 150 万元人民币，所占该公司股权为 2%。注资期限：乙方一次性全额注资，自本协议签订之日起 30 日内到账。甲方须在乙方注入所有资金 150 万元人民币后 5 个工作日内完成股东变更的工商登记手续。

甲、乙双方自觉遵守本合同，如违约按《合同法》有关条款执行。

甲方（签章）：万达股份有限公司　　　　乙方（签章）：浙江顺达股份有限公司

法定代表人（签字）：钱广人　　　　法定代表人（签字）：沈顺利

协议签订时间：2013 年 12 月 31 日　　　　协议签订时间：2013 年 12 月 31 日

万达股份有限公司 合同专用章　　钱广人印

浙江顺达股份有限公司 合同专用章　　沈顺利印

中国工商银行

电子银行交易回单(付款方)

2013 年 12 月 31 日

付款方户名:浙江顺达股份有限公司
付款方账号:1003010104001696568
付款方开户行:工行开发区支行
收款方户名:万达股份有限公司
收款方账号:2300001112225656888
收款方开户行:工行吴兴市开发区支行
大写金额:壹佰伍拾万元整
小写金额:￥1 500 000.00
交易用途:股权投资
受理渠道:网上银行　　　　　　　　业务流水号:1131220200011
集团交易标志:否
集团交易说明:

工行开发区支行 2013.12 转讫

44.

报销单

单位:厂部　　　　　　　　　　　　　　　　　　　　2013 年 12 月 31 日填

姓　名		李明	部　门	厂部		
2013 年		内　容		金　额	单据张数	备注
月	日					
12	31	由公司承担的部分罚款		2 600.00	4 张交警队处罚单	按承包协议承担部分费用
合　计				2 600.00		
实报金额(大写)				贰仟陆佰元整		

现金付讫

主管人:李高湖　　　　　　会计:毛岩　　　　　　　　　领报人:李明

附:汽车承包协议相关内容:公司将大货车承包给司机李明,在满足公司运输需要前提下,允许司机李明承揽相关运输业务,每年向公司缴纳汽车承包费10 000元,公司根据单位运输业务承担部分费用,原则上大货车相关费用由承包人司机李明承担。

浙江顺达股份有限公司 合同专用章

45.

中国工商银行

电子银行交易回单(付款方)

2013 年 12 月 31 日

付款方户名:浙江顺达股份有限公司
付款方账号:1003010104001696568
付款方开户行:工行开发区支行
收款方户名:英才网络技术公司
收款方账号:3207027530363336812
收款方开户行:工行南方路支行
大写金额:壹仟陆佰捌拾元整
小写金额:¥1 680.00
交易用途:网络技术维护费
受理渠道:网上银行　　　　业务流水号:41992531111211
集团交易标志:
集团交易说明:

英才网络技术公司普通发票

发票联

发票代码:

发票号码:32081451

开票日期:2013 年 12 月 29 日　　　　行业分类:技术服务

纳税人识别号:330501333233336　　　　机打号码:
机器编号:　　　　税控防伪码:
付款户名:浙江顺达股份有限公司　　　　付款方式:电子银行交易

项目及摘要	单位	数量	单价	金额
网络技术维护费	元			1 680.00

合计人民币大写:壹仟陆佰捌拾元整　　　　¥ 1 680.00

开票人:李菲菲　　收款人:张元　　收款单位盖章　　手写无效

第二联:发票联 付款方记账凭证(手开无效)

46.

中国工商银行

电子银行交易回单(付款方)

2013 年 12 月 31 日

付款方户名:浙江顺达股份有限公司
付款方账号:1003010104001696568
付款方开户行:工行开发区支行
收款方户名:浙江带钢有限公司
收款方账号:1200011132564115569
收款方开户行:工行安庆路支行
大写金额:柒拾肆万零贰拾伍元整
小写金额:¥740 025.00
交易用途:支付货款
受理渠道:网上银行　　　　业务流水号:12561122212245
集团交易标志:
集团交易说明:

工行开发区支行 2013.12 转讫

47.

报销单

单位:厂部　　　　2013 年 12 月 31 日填

姓　名		李明	部　门	厂部		
2013 年		内　容		金　额	单据张数	备注
月	日					
12	31	由公司承担的部分过路费、维修费、汽油费		8 680.00	过路费、维修费、汽油费发票 6 张	按承包协议承担部分费用
合　计				¥8 600.00		
实报金额(大写)				捌仟陆佰捌拾元整		

现金付讫

主管人:李高湖　　　　会计:毛岩　　　　领报人:李明

浙江顺达股份有限公司 财务专用章

附:汽车承包协议相关内容:公司将大货车承包给司机李明,在满足公司运输需要前提下,允许司机李明承揽相关运输业务,每年向公司缴纳汽车承包费10 000元,公司根据单位运输业务承担部分费用,原则上大货车相关费用由承包人司机李明承担。

中国工商银行

48.

中国工商银行

现金支票存根

ⅥⅥ030246

科　　目　银行存款

对方科目　库存现金

出票日期　2013 年 12 月 31 日

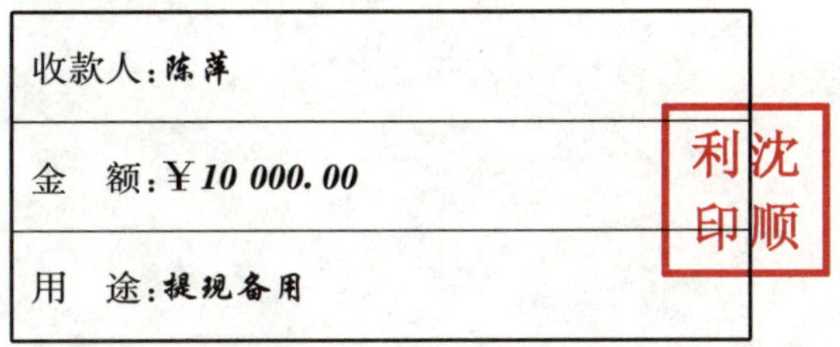

收款人：陈萍
金　额：¥10 000.00
用　途：提现备用

利沈印顺

单位主管　柏大　　　会计　毛岩

49.

中国工商银行进账单(收款通知)　3

2013 年 12 月 31 日

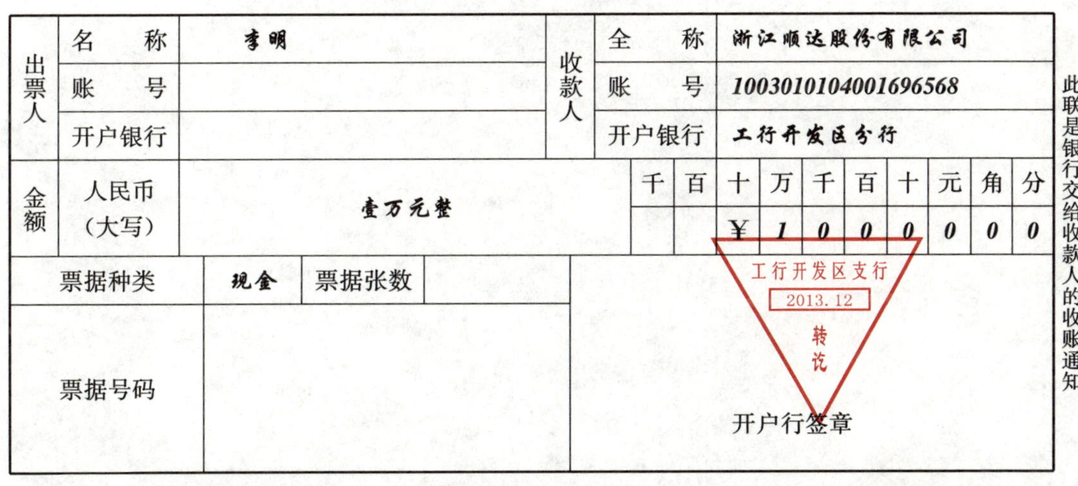

出票人	名　称	李明	收款人	全　称	浙江顺达股份有限公司									
	账　号			账　号	1003010104001696568									
	开户银行			开户银行	工行开发区分行									
金额	人民币（大写）	壹万元整			千	百	十	万	千	百	十	元	角	分
							¥	1	0	0	0	0	0	0
票据种类	现金	票据张数			工行开发区支行 2013.12 转讫									
票据号码					开户行签章									

此联是银行交给收款人的收账通知

附：汽车承包协议相关内容：公司将大货车承包给司机李明，在满足公司运输需要前提下，允许司机李明承揽相关运输业务，每年向公司缴纳汽车承包费10 000元，公司根据单位运输业务承担部分费用，原则上大货车相关费用由承包人司机李明承担。

浙江顺达股份有限公司　合同专用章

50.

制造费用分配表

2013 年 12 月 31 日

车间、产品名称		分配标准（生产工时）	分配率	分配金额
第一车间	支板、本体			
第二车间	皮带轮			
装配车间	张紧轮——甲	1 600		
	张紧轮——乙	2 000		
	惰轮——甲	800		
	惰轮——乙	1 000		
	合　计	5 400		

主管　毛茂才　　　　仓库　肖拓　　　　记账　蔡畅　　　　经手人　李磊

51. 结转领用半成品成本。（成本计算单）

见成本核算资料。

52.

产品入库单

No 22000132

2013 年 12 月 31 日

名　称	规格	单位	入库数量	单价	金额	备注
张紧轮总成	甲型	只				
张紧轮总成	乙型	只				
惰轮	甲型	只				
惰轮	乙型	只				
合　计			—	—		

主管　毛茂才　　仓库　肖拓　　记账　蔡畅　　经手人　李磊

53.

浙江省增值税专用发票

记账联

No 20100047

开票日期：2013 年 12 月 3 日

<table>
<tr><td>购货单位</td><td colspan="6">名　　　称：海南信誉汽车贸易公司
纳税人识别号：460002201460169
地 址 、电 话：海口市洪明路 325 号
开户行及账号：农行洪明路支行
5300215662206895426</td><td>密码区</td><td></td></tr>
<tr><td>货物或应税劳务名称</td><td>规格型号</td><td>单位</td><td>数量</td><td>单价</td><td>金额</td><td>税率</td><td colspan="2">税额</td></tr>
<tr><td>张紧轮——甲型</td><td></td><td>只</td><td>10 000</td><td>60.00</td><td>600 000.00</td><td>17%</td><td colspan="2">102 000.00</td></tr>
<tr><td>张紧轮——乙型</td><td></td><td>只</td><td>10 000</td><td>70.00</td><td>700 000.00</td><td>17%</td><td colspan="2">119 000.00</td></tr>
<tr><td>惰轮——甲型</td><td></td><td>只</td><td>10 000</td><td>20.00</td><td>200 000.00</td><td>17%</td><td colspan="2">34 000.00</td></tr>
<tr><td>惰轮——乙型</td><td></td><td>只</td><td>10 000</td><td>38.00</td><td>380 000.00</td><td>17%</td><td colspan="2">64 600.00</td></tr>
<tr><td>合　计</td><td></td><td></td><td></td><td></td><td>1 880 000.00</td><td>17%</td><td colspan="2">319 600.00</td></tr>
<tr><td>价税合计(大写)</td><td colspan="8">贰佰壹拾玖万玖仟陆佰元整　　（小写）　¥2 199 600.00</td></tr>
<tr><td>销货单位</td><td colspan="6">名　　　称：浙江顺达股份有限公司
纳税人识别号：330501333233336
地 址 、电 话：东吴市开发区杭长桥南路 278 号
开户行及账号：工行开发区支行
1003010104001696568</td><td>备注</td><td>浙江顺达股份有限公司 发票专用章 330501333233336</td></tr>
</table>

第一联：记账联　销货方作记账凭证

收款人：李明　　复核：苏红　　开票人：赵建华　　销货单位：(章)

托收凭证（受理回单）

委托日期　2013 年 12 月 31 日

委托收款（□邮划、☑电划）　　托收承付（□邮划、□电划）

					收款人				
付款人	开户银行	农行洪明路支行				全　称	工行开发区支行		
	账　号	5300215662206895426				账　号	1003010104001696568		
	地　址	海口　市/县	开户行	工行		地　址	浙江省　东吴　市/县	开户行	工行

金额	人民币（大写）	亿	千	百	十	万	千	百	十	元	角	分
	贰佰壹拾玖万玖仟陆佰元整		¥	2	1	9	9	6	0	0	0	0

款项内容		托收凭据名称		附寄单证张数	
商品发运情况		合同名称号码			

备注： 复核　　记账	款项收妥日期 年　月　日	收款人开户银行签章 年　月　日

（印章：工行开发区支行 2013.12 转讫）

出库单

No　1300050

2013 年 12 月 31 日

名　称	规格	单位	出库数量	单价	金额	备注
张紧轮	甲型	只	10 000			
张紧轮	乙型	只	10 000			
惰轮	甲型	只	10 000			
惰轮	乙型	只	10 000			
合　计						

主管　毛茂才　　仓库　肖拓　　记账　蔡畅　　经手人　孙艳

54.

2365856026　**货物运输业增值税专用发票**　No 19128962

全国统一发票监制 浙江省 国家税务局监制

开票日期:2013－12－31

承运人及纳税人识别号	浙江省路路通运输有限公司			密码区			
实际受票方及纳税人识别号	浙江顺达股份有限公司						
收货人及纳税人识别号	海南信誉汽车贸易公司			发货人及纳税人识别号	浙江顺达股份有限公司		
起运地、经由、到达地	浙江省金华市　浙江省东吴市						
费用项目及金额	运费:18 000.00 元			运输货物信息	转紧轮、惰轮		
合计金额	￥18 000.00	税率	11%	税额	￥1 980.00	机器编号	325145873
价格合计(大写)	壹万玖仟玖佰捌拾元整				(小写)　￥19 980.00		
车种车号			车船吨位	备注	浙江省路路通运输有限公司 发票专用章		
主管税务机关及代码							

收款人：孙平　　复核人：林洁　　开票人：马丽　　承运人：(章)

第三联：发票联　受票方记账凭证

2365856026　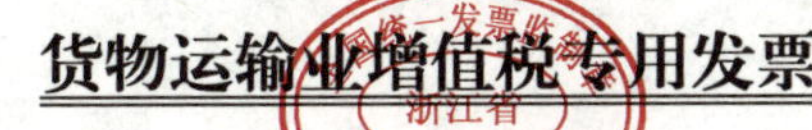**货物运输业增值税专用发票**　No 19128962

全国统一发票监制 浙江省 国家税务局监制

开票日期:2013－12－31

承运人及纳税人识别号	浙江省路路通运输有限公司			密码区			
实际受票方及纳税人识别号	浙江顺达股份有限公司						
收货人及纳税人识别号	海南信誉汽车贸易公司			发货人及纳税人识别号	浙江顺达股份有限公司		
起运地、经由、到达地	浙江省金华市　浙江省东吴市						
费用项目及金额	运费:18 000.00 元			运输货物信息	转紧轮、惰轮		
合计金额	￥18 000.00	税率	11%	税额	￥1 980.00	机器编号	325145873
价格合计(大写)	壹万玖仟玖佰捌拾元整				(小写)　￥19 980.00		
车种车号			车船吨位	备注	浙江省路路通运输有限公司 发票专用章		
主管税务机关及代码							

收款人：孙平　　复核人：林洁　　开票人：马丽　　承运人：(章)

第二联：抵扣联　受票方抵扣凭证

中国工商银行

转账支票存根

ⅥⅥ030625

科　　目　银行存款

对方科目　销售费用

出票日期　2013 年 12 月 31 日

收款人：浙江省路路通有限公司
金　额：¥19 980.00
用　途：支付运费

利沈
印顺

单位主管　柏大　　　会计　毛岩

55.

应交税费计算单

2013 年 12 月 31 日

税　种	计提基数(元)	计提比例	金额(元)
城市维护建设税		7%	
教育费附加		3%	
水利建设基金		0.1%	
土地使用税			16 000.00
房产税			9 917.02
合　计			

财会主管：华力　　　复核：陈徐　　　制表：陈萍

56.

产品销售成本计算单

2013 年 12 月 31 日

名　称		张紧轮总成		惰轮	
		甲型	乙型	甲型	乙型
本期销售	数量				
	单位成本				
	金额				

财会主管:华力　　　　复核:陈徐　　　　制表:陈萍

57.

领 料 单

部门:销售部门　　　　（三联式）　　　　2013 年 12 月 31 日

材　料			单位	领用数量	成　本		备　注
编号	名称	规格			单价	总成本（元）	
	包装纸盒		只	61 900	0.50	30 950.00	销售产品用
	合　计					30 950.00	

主管:叶问　　会计:毛岩　　记账:蔡畅　　保管:王海　　发料:张章　　领料:海洋

58.

短期借款利息计算表

2013 年 12 月 31 日

银行	借款本金	借款日期	借款期限	年利率	利息金额(元)
工行	1 500 000.00	2012.11.30	1 年期	5.6%	7 000.00
合计				5.6%	7 000.00

财会主管:华力　　　　复核:陈徐　　　　制表:陈萍

中国工商银行

电子银行交易回单(付款方)

2013 年 12 月 31 日

付款方户名:浙江顺达股份有限公司
付款方账号:1003010104001696568
付款方开户行:工行开发区支行
收款方户名:工行开发区支行
收款方账号:1900246300001222688
收款方开户行:工行开发区支行
大写金额:柒仟元整
小写金额:¥7 000.00
交易用途:归还工行短期借款利息
受理渠道:网上银行　　　　业务流水号:91312202000114
集团交易标志:否
集团交易说明:

工行开发区支行
2013.12
转讫

59.

中国工商银行贷款罚息计算单

2013 年 12 月 31 日

银行	借款本金	借款日期	借款期限	年利率	利息金额(元)
工行	1 500 000.00	2012.11.30	1 年期	5.6%×50%	3 500.00
合计				5.6%×50%	3 500.00

财会主管:华力　　　　复核:陈徐　　　　制表:陈萍

中国工商银行

电子银行交易回单(付款方)

2013 年 12 月 31 日

付款方户名:浙江顺达股份有限公司
付款方账号:1003010104001696568
付款方开户行:工行开发区支行
收款方户名:工行开发区支行
收款方账号:1900246300001222688
收款方开户行:工行开发区支行
大写金额:叁仟伍佰元整
小写金额:¥3 500.00
交易用途:支付短期借款罚息
受理渠道:网上银行　　业务流水号:91312202001003
集团交易标志:否
集团交易说明:

工行开发区支行 2013.12 转讫

60.

中国工商银行　　**存款利息入账单**

日期:20131231　　业务类型:利息收入　　流水号:
账户:10030101040016965　　户名:浙江顺达股份有限公司
开户银行:工行开发区支行　　交易网点:
金额(大写):壹佰捌拾玖元整

金额(小写):¥189.00
结息账号:　　结息方式:按季结息

计息期间	计息积数	利率	利息
20131001—20131231		0.5%	¥189.00

工行开发区支行 2013.12 转讫

61.

中国工商银行

电子银行交易回单(付款方)

2013 年 12 月 13 日

付款方户名:浙江顺达股份有限公司
付款方账号:1003010104001696568
付款方开户行:工行开发区支行
收款方户名:工行开发区支行
收款方账号:1900246300001222688
收款方开户行:工行开发区支行
大写金额:伍拾万元整
小写金额:¥500 000.00
交易用途:归还工行短期借款
受理渠道:网上银行　　业务流水号:59242456010271
集团交易标志:否
集团交易说明:

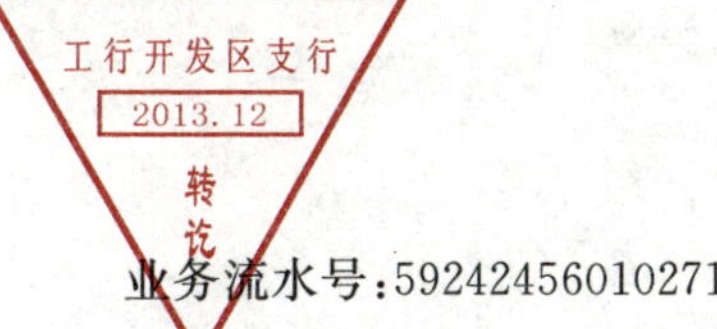

62.

公益性捐赠单位统一收据

国财 2022　　***2013*** 年 ***12*** 月 ***31*** 日　　No. ***0891702211***

捐赠者:浙江顺达股份有限公司
捐赠项目:东吴市爱山小学
捐赠金额(实物价值)大写:贰万元整
小写:***¥20 000.00***
货币(实物)种类:人民币
备注:

接收单位(盖章)　东吴市民政局　　经手人:姚谦

中国工商银行

转账支票存根

ⅥⅥ030626

科　　目　银行存款

对方科目　营业外支出

出票日期　2013 年 12 月 31 日

收款人：东吴市爱山小学
金　额：20 000.00
用　途：捐赠

利沈印顺

单位主管　柏大　　　会计　毛岩

63.

物资盘盈盘亏报告表

项目名称　库存现金　　　　　　　　　　　　2013 年 12 月 31 日

编号：

品名	规格	单价	账面数量	盘点数量	盘盈		盘亏	
					数量	金额	数量	金额
						500.00		
合计						500.00		

批准：柏大　　　　　　　审核：毛彦吉　　　　　　　制表：佟冬冬

64.

物资盘盈盘亏审批表

项目名称 库存现金　　　　　　　　　　　　2013 年 12 月 31 日

编号：

品名	规格	单价	账面数量	盘点数量	盘盈		盘亏		说明	拟处理对策或建议
					数量	金额	数量	金额		
						500.00				营业外收入
合计						500.00				

批准：柏大　　　　审核：毛彦吉　　　　制表：佟冬冬

65.

领(借)款申请单

项目：领款　　　　　　　　　　　　2013 年 12 月 31 日

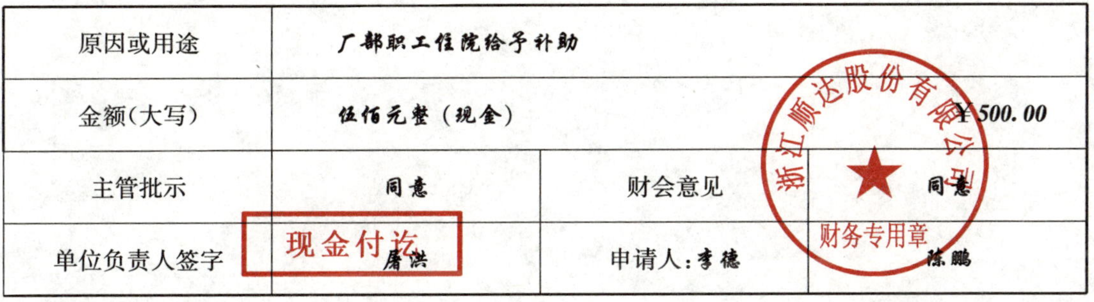

原因或用途	厂部职工住院给予补助		
金额(大写)	伍佰元整（现金）		¥500.00
主管批示	同意	财会意见	同意
单位负责人签字	屠洪	申请人：李德	陈鹏

财会主管：华力　　　　　　　　复核：陈徐

66.

固定资产报废单

2013 年 12 月 31 日

固定资产编号： 固定资产卡账号：9

固定资产编号及名称	型号、规格	单位	数量	原 值	已计提折旧	净 值	报废原因
生产设备		台	1	100 000.00	95 000.00	5 000.00	不能使用

部门主管：李明 盘点人：陈伟明 保管员：程中

67.

固定资产报废批准处理单

固定资产名称	规格型号	单位	数量	预计使用年限	原值	已提折旧	净值	备注
生产设备		台	1	10	100 000.00	95 000.00	5 000.00	清理报废
固定资产状况及报废原因	使用期限已满，不能继续使用							
处理意见	使用部门		技术鉴定小组		固定资产管理部门		主管部门审批	
	不能继续使用		符合报废条件		同意申请报废		同意报废	

财会主管：华力 复核：陈徐 制表：陈萍

68.

浙江省政府非税收入统一票据

2013 年 12 月 31 日

付款方：浙江顺达股份有限公司

项　目	金　额
王自强等四人参加技术培训	￥1 660.00
合计人民币(大写)：壹仟陆佰陆拾元整	￥1 660.00
备注：未经收款单位盖章及收款人签章无效。	

第二联　付款方收据

款项结算方式：转账支票　　开票：王欢欢　　收款：汪敏　　收款单位(盖章)：东昊市技工学校 票据专用章

中国工商银行

转账支票存根

ⅥⅥ030627

科　　目　银行存款

对方科目　应付职工薪酬

出票日期　2013 年 12 月 31 日

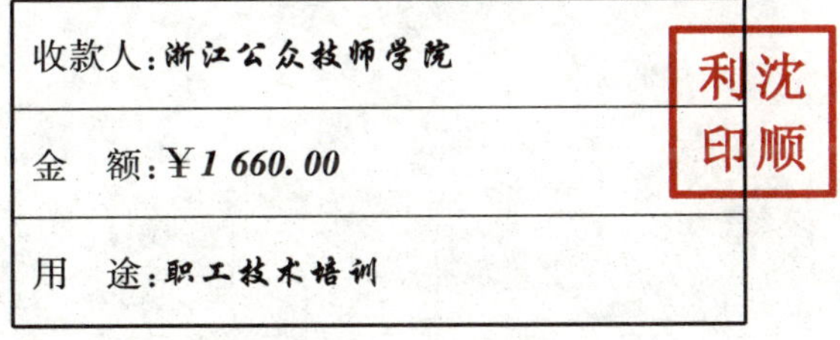

收款人：浙江公众技师学院
金　额：￥1 660.00
用　途：职工技术培训

沈顺利印

单位主管　柏大　　　会计　毛岩

69.

中华人民共和国企业所得税年度纳税申报表(A类)

税款所属期间:2013年1月1日至2013年12月31日
纳税人名称:浙江顺达股份有限公司
纳税人识别号:330501333233336　　　　金额单位:元(列至角分)

类别	行次	项　目	金　额
利润总额计算	1	一、营业收入(填附表一)	
	2	减:营业成本(填附表二)	
	3	营业税金及附加	
	4	销售费用(填附表二)	
	5	管理费用(填附表二)	
	6	财务费用(填附表二)	
	7	资产减值损失	
	8	加:公允价值变动收益	
	9	投资收益	
	10	二、营业利润(1－2－3－4－5－6－7＋8＋9)	
	11	加:营业外收入(填附表一)	
	12	减:营业外支出(填附表二)	
	13	三、利润总额(10＋11－12)	
应纳税所得额计算	14	加:纳税调整增加额(填附表三)	
	15	减:纳税调整减少额(填附表三)	
	16	其中:不征税收入	
	17	免税收入	
	18	减计收入	
	19	减免税项目所得	
	20	加计扣除	
	21	抵扣应纳税所得额	
	22	加:境外应税所得弥补境内亏损	
	23	纳税调整后所得(13＋14－15－19－21＋22)	
	24	减:弥补以前年度亏损(填附表四)	
	25	应纳税所得额(23－24)	
应纳税额计算	26	税率(25％)	
	27	应纳所得税额(25×26)	
	28	减:减免所得税额(填附表五)	
	29	减:抵免所得税额(填附表五)	
	30	应纳税额(27－28－29)	
	31	加:境外所得应纳所得税额(填附表六)	
	32	减:境外所得抵免所得税额(填附表六)	
	33	实际应纳所得税额(30＋31－32)	
	34	减:本年累计实际已预缴的所得税额	
	35	其中:汇总纳税的总机构分摊预缴的税额	
	36	汇总纳税的总机构财政调库预缴的税额	
	37	汇总纳税的总机构所属分支机构分摊的预缴税额	
	37－1	其中:本市总机构所属本市分支机构分摊的预缴税额	
	38	合并纳税(母子体制)成员企业就地预缴比例	
	39	合并纳税企业就地预缴的所得税额	
	40	本年应补(退)的所得税额(33－34)	
附列资料	41	以前年度多缴的所得税额在本年抵减额	
	42	以前年度应缴未缴在本年入库所得税额	

谨声明:此纳税申报表是根据《中华人民共和国企业所得税法》《中华人民共和国企业所得税法实施条例》和国家有关税收规定填报的,是真实的、可靠的、完整的。

法定代表人(签字):　　　　年　月　日

纳税人公章:	代理申报中介机构公章:	主管税务机关受理专用章:
经办人:	经办人及执业证件号码:	受理人:
申报日期:　年　月　日	代理申报日期:　年　月　日	受理日期:　年　月　日

70.

董事会决议通知

财务科：

经董事会研究决定，并经股东大会通过，按税后利润的10%计提法定盈余公积，按10%计提任意盈余公积，按可供分配利润的50%分配给投资者。

浙江顺达股份有限公司

2013年12月31日

三、模拟企业 2013 年 12 月份产品成本核算资料

(一)产品产量资料

1. 本月各产品的投产量与产成品产量如下表所示：

名　称		期初在产品数量	投产量	产成品产量	期末在产品数量
张紧轮总成	甲型	1 400	17 000	17 200	1 200
	乙型	700	18 000	17 500	1 200
惰　轮	甲型	1 333	18 000	17 500	1 833
	乙型	1 200	17 000	17 200	1 000

2. 半成品(支板、本体)投产量、完工半成品数量如下表所示：

名　称	月初数量	投产量	完工半成品数量	月末数量
A 半成品(支板、本体)	1 370	35 000	35 000	1 370
B 半成品(皮带轮)	1 530	86 000	87 000	530

3. 半成品(支板、本体)领用情况如下表所示：

名　称	月初数量	完工半成品数量	本月使用数量
A 半成品(支板、本体)	—	35 000	35 000
B 半成品(皮带轮)	—	87 000	87 000

(二)投料方式与加工程度

1. A 半成品(支板、本体)、B 半成品(皮带轮)直接投入张紧轮总成和惰轮的装配。

2. A 半成品(支板、本体)、B 半成品(皮带轮)生产中原材料均是一次投料，在产品加工程度为 50%。

3. 产成品生产中原材料和半成品均是一次投入。张紧轮总成在产品、惰轮在产品的加工程度均为 50%。

(三)产品成本计算单

产品成本计算单

A 半成品(支板、本体)　　　　2013 年　　月　　　　产量:

摘　要	直接材料	直接人工	制造费用	合　计
月初在产品成本	34 264.00	1 115.00	1 074.70	
本月发生生产费用				
生产费用合计				
月末在产品约当产量				
约当产量合计				
费用分配率				
完工产品成本				
月末在产品成本				

产品成本计算单

B 半成品(皮带轮)　　　　2013 年　　月　　　　产量:

摘　要	直接材料	直接人工	制造费用	合　计
月初在产品成本	11 317.36	780.00	691.65	
本月发生生产费用				
生产费用合计				
约当产量合计				
费用分配率				
完工产品成本				
月末在产品成本				

产品成本明细账

产品名称:张紧轮——甲　　2013 年　　月　　产量:

摘　要	直接材料	直接人工	制造费用	合　计
月初在产品成本	71 640.20	897.00	905.02	
本月发生费用				
领用半成品费用				
月初和本月成本累计				
约当产量合计				
费用分配率				
完工产品成本				
月末在产品成本				

产品成本明细账

产品名称:张紧轮——乙　　2013 年　　月　　产量:

摘　要	直接材料	直接人工	制造费用	合　计
月初在产品成本	45 292.80	612.00	685.60	
本月发生费用				
领用半成品费用				
月初和本月成本累计				
约当产量合计				
费用分配率				
完工产品成本				
月末在产品成本				

产品成本明细账

产品名称:惰轮——甲　　　　2013 年　　月　　　　产量:

摘　要	直接材料	直接人工	制造费用	合　计
月初在产品成本	24 733.50	419.00	383.06	
本月发生费用				
领用半成品费用				
月初和本月成本累计				
约当产量合计				
费用分配率				
完工产品成本				
月末在产品成本				

产品成本明细账

产品名称:惰轮——乙　　　　2013 年　　月　　　　产量:

摘　要	直接材料	直接人工	制造费用	合　计
月初在产品成本	38 984.50	550.50	568.96	
本月发生费用				
领用半成品费用				
月初和本月成本累计				
约当产量合计				
费用分配率				
完工产品成本				
月末在产品成本				